2013 年国家自然基金项目（71073011）资助
2014 年国家自然基金项目（71473019）资助
北京市属高等学校高层次人才引进与培养计划项目（CIT&TCD20140314）资助
北京现代技术服务体系奶牛产业创新团队资助

北京奶业经济发展研究

(2014)

刘 芳 何忠伟 路永强 等 著

中国农业出版社

著　者：刘　芳　何忠伟　路永强
郭江鹏　任　康　杨宇泽
王天坤　温富勇　姜小平
罗小红　白燕飞　危　薇
吴夏梦　王　泽　范宣丽
何向育　陈吉铭　王　敏

前言

本报告以北京奶牛产业经济发展为主线，以都市型高效现代农业为背景，从政策宏观、产业中观、企业微观3个层次对北京奶业经济发展和政策进行了全面的梳理，并在此基础上系统分析了北京奶牛养殖、乳品加工、市场流通及消费者终端等环节。同时，着眼于北京奶业可持续性和中国奶业产业安全，力求全方位审视北京奶牛产业经济发展全貌。本书内容包括八章：

第一章：北京奶牛养殖业发展概况。主要分析总结2014年北京市奶牛产业养殖环节的规模、效率和经济效益。并对昌平、密云和房山作为典型区（县）进行个案剖析。

第二章：北京奶牛专业合作社经营效率分析。主要通过DEA模型，将北京市奶牛养殖专业合作社作为决策单元，测定了北京奶牛养殖专业合作社的生产效率（技术效率），进一步探讨了部分典型奶牛合作社技术效率水平的提高途径，分析了合作社发展的合理趋势和选择。

第三章：北京乳品加工企业成长性评价。通过财务角度，依据乳品企业财务报表，通过各个财务指标对企业的重要性，对三元、蒙牛、光明和伊利4家上市乳品企业的成长性进行综合评价。

第四章：北京奶业链价格形成及传导研究。通过分析北京市精饲料价格、生鲜乳收购价格、液态奶销售价格、奶业经济景气指数、乳制品进口情况监测等5个方面、11个主要指标的变动情况，对北京奶牛产业链各相关环节的价格变动进行监控，并开展产业景气指标预警工作。

第五章：北京居民国内外乳制品消费行为研究。本章将以国内外品牌在北京市乳制品市场现状为分析对象，采取分层抽样、问卷调查的方式，获取北京市9个区（县）消费者的乳品消费信息，同时利用SPSS和AMOS软件构建结构方程模型，分析影响消费者认知与消费国内外品牌的因素及各因素影响程度，并从中分离出进口乳品品牌的消费者择定模式，从而为我国乳品企业的健康发展提供理论和实证依据。

第六章：北京奶业市场竞争力研究。通过奶牛业生产概况、乳制品供需概况及奶牛产品贸易概况来分析北京奶业发展现状；根据市场占有率、成本利润率、资产报酬率及区位商来测算北京奶业竞争力变化趋势；重点运用波特钻石理论构建北京奶业市场竞争力评价指标体系，在此基础上通过主成分分析法找出影响因素将其排序归类。将众多的变量指标降维后，再运用聚类分析的方法分析北京奶业在我国奶业中所处地位。

第七章：北京奶业可持续发展研究。奶业是一条包括奶牛养殖，原料奶生产，乳品加工、运输、销售，乳品消费在内的完整产业链条，其影响涉及一、二、三产业的各个领域。奶业已经成为推动我国农村增收、农民致富和城乡一体化发展的重要产业。本章遵循可持续发展理论，分析了北京奶业可持续的现状及发展面临的制约因素，并提出了推进北京奶业可持续发展的途径和方法。

第八章：中国乳制品进出口贸易特征及预警。我国奶牛产业损害预警尚处于起步阶段。本研究基于产业损害基本理论、WTO 相关准则、条例，建立了中国奶牛产业损害预警指标体系；利用层次分析法（AHP）对相关指标数据进行了综合评价；利用 BP 神经网络模型对未来中国奶牛产业进行了预测预警分析。

本书在调研与撰写的过程中得到了北京市农业局畜牧处，北京市农村经济研究中心，北京市各区（县）农委，北京市奶业协会，中国奶业协会，国家奶牛产业体系、现代奶牛产业技术体系北京市创新团队等单位的大力支持；借鉴了同行专家的宝贵意见，在此一并表示感谢！

由于我们研究水平有限，本书还存在很多不足，敬请批评指正！

著　者

2015 年 4 月

目　录

第一章　北京奶牛养殖业发展概况

一、北京奶牛存栏情况

（一）北京奶牛存栏总规模稳中有降

北京奶业发展与首都功能定位紧密契合。按照《关于调结构转方式、发展高效节水农业的意见》，北京市以“调粮、保菜、做精畜牧水产业”为目标，北京及时调整养殖业结构，奶牛存栏量将稳定为14万头左右。2014年，北京市奶牛存栏量继续稳中微降，存栏量为13.8万头，比2013年减少了0.6万头；其中，成乳牛存栏量为8.844 1万头，比2013年减少了0.268 7万头（图1-1）。

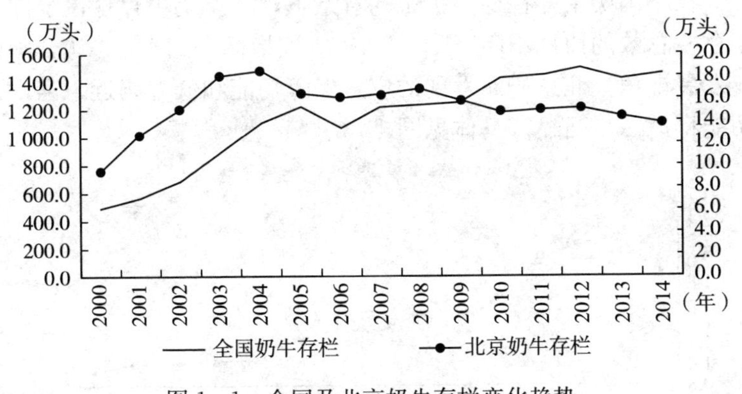

图1-1　全国及北京奶牛存栏变化趋势

（二）北京奶牛养殖优势区域布局已经形成

从区（县）分布看，北京奶牛养殖业以延庆、密云和怀柔等区

（县）为主的京北奶牛产业带和以顺义、通州、大兴和房山等区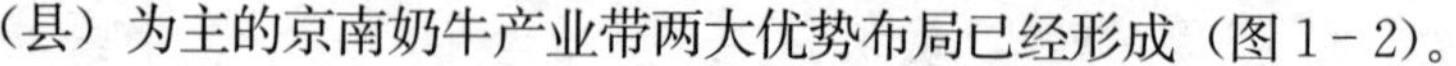（县）为主的京南奶牛产业带两大优势布局已经形成（图 1－2）。

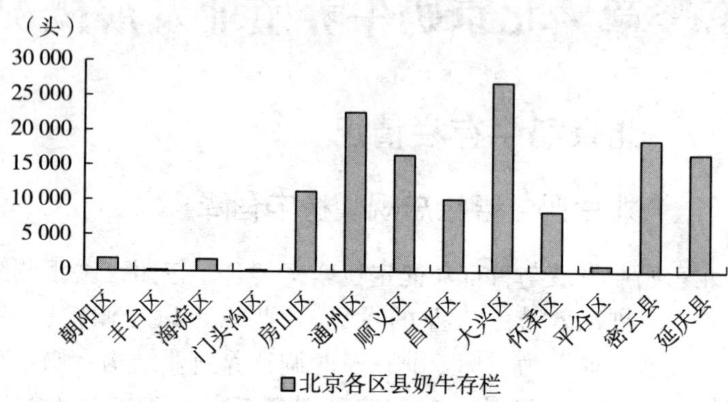

图 1－2　2014 年北京各区（县）奶牛存栏分布情况

（三）北京奶牛存栏占全国比重持续下降

在全国奶牛存栏稳步扩张的背景下，北京奶牛存栏占全国奶牛存栏总数的比例不断下降，2014 年该指标不到 1%。从全国奶业发展视角，北京奶业发展的应急保障功能和低温奶近距离供给功能将进一步凸显。具体见图 1－3。

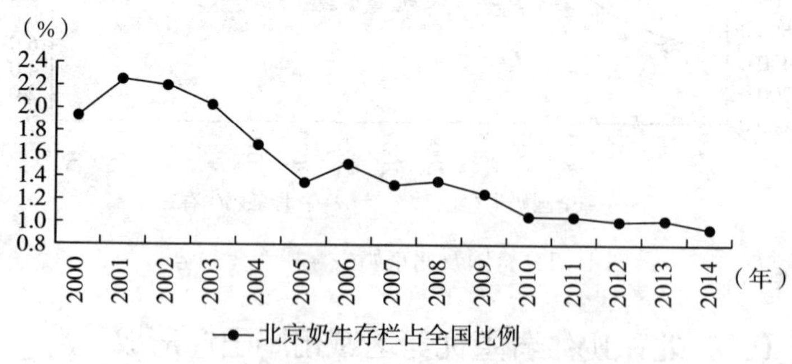

图 1－3　北京奶牛存栏占全国比例变化情况

二、北京牛奶总产量及单产水平

（一）北京牛奶总产量呈下降趋势

2008 年以来，北京牛奶总产量随着存栏规模的下降而呈现下降的趋势。2014 年，北京市牛奶总产量为 59.5 万吨，比 2013 年下降了 2 万吨（图 1-4）。

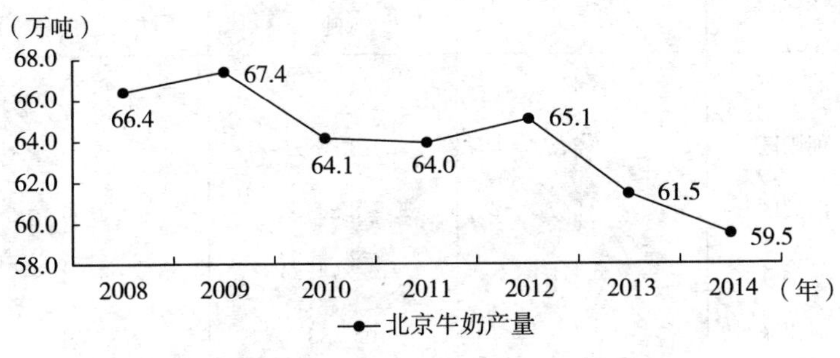

图 1-4　北京牛奶产量走势图

（二）北京成乳牛单产水平稳步提高

从北京整体水平看：成乳牛单产水平不断提升。北京成乳牛年均单产由 2008 年的 6.0 吨增加到 2014 年的 6.733 吨，增长了 12%。2014 年全国成乳牛单产为 6.0 吨，比北京低 0.73 吨，北京奶业具有显著地单产示范优势。具体见图 1-5。

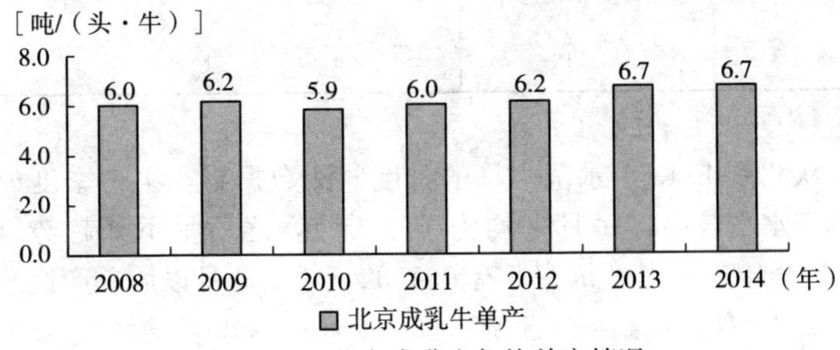

图 1-5　北京成乳牛年均单产情况

从区（县）水平看：规模化程度比较高的朝阳、海淀、昌平、通州、房山等区（县），成乳牛单产水平均高出全国平均水平。但散户较多的延庆、顺义等单产水平相对较低，平均单产不到 5.5 吨（表 1－1）。

表 1－1　北京市主要区（县）成乳牛存栏原料奶产量及单产情况

区(县)	成乳牛存栏（头）	原料奶产量（吨）	成乳牛单产［吨/（头·年）］
北京市	88 441	594 805.2	6.73
朝阳区	1 245	13 509.5	10.85
海淀区	947	8 204.9	8.66
昌平区	6 412	52 745.4	8.23
通州区	13 489	105 683	7.83
大兴区	17 777	134 726	7.58
房山区	6 567	46 217.8	7.04
怀柔区	6 676	41 783.2	6.26
密云县	11 775	72 118	6.12
平谷区	646	3 585.2	5.55
延庆县	11 648	62 530	5.37
顺义区	11 148	53 166.5	4.77

从北京市 43 个示范牛场的月度监测数据看，第一季度成乳牛单产水平较高，每月平均为 740 千克，之后呈下降趋势，到 7 月为全年最低点，每头只有 604.32 千克；8 月以后单产逐渐回升，到 12 月份达到 667 千克（图 1－6）。

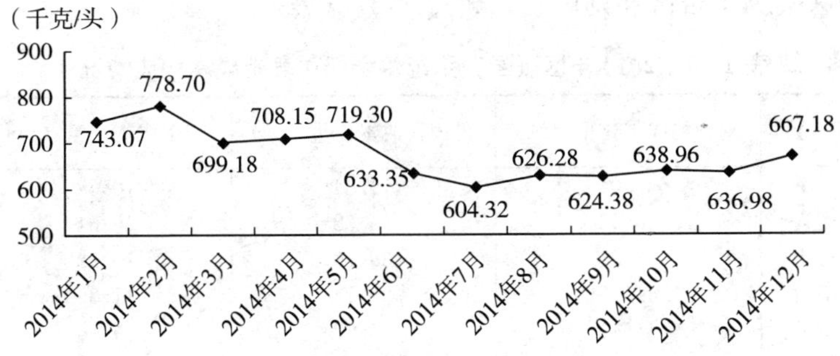

图 1－6　2014 年 1～12 月示范牛场成母牛原料奶单产变化

三、北京奶牛养殖场成本收益分析

（一）奶牛养殖成本构成情况

2014 年饲料成本占总成本比重的 79.88%，其中精饲料占总成本的 45.7%，粗饲料占总成本的 34.2%，人工成本占总成本比重的 7.6%（图 1－7）。

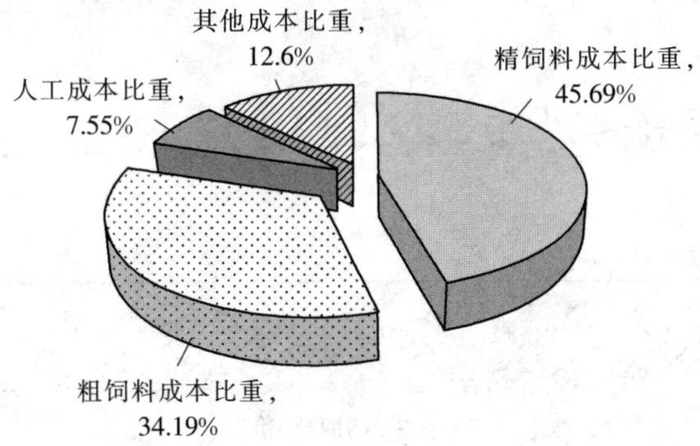

图 1－7　2014 年示范牛场奶牛养殖成本构成情况

从区（县）水平看，精饲料成本比重较高的有昌平区、密云县和通州区，均超过 50%；比重较低的为顺义区，不到 30%；粗饲料成本比重较高的顺义区，超过 50%；人工成本比重较高的区县为丰台区和延庆县，超过11%（表1-2）。

表1-2　2014年区（县）示范牛场奶牛养殖成本构成情况

区（县）	精饲料成本比重（%）	粗饲料成本比重（%）	人工成本比重（%）
昌平	58.04	19.04	10.58
大兴	36.52	45.38	5.61
房山	36.35	38.70	10.92
丰台	41.06	26.14	11.35
海淀	41.41	29.82	9.96
密云	48.19	33.55	7.56
顺义	23.78	59.67	5.37
通州	52.38	33.13	4.12
延庆	45.69	34.19	11.55

（二）生鲜乳收购价格分析

2014年，北京示范牛场生鲜乳收购价格继续下降，由2月份的全年最高价4.95元/千克下降到12月份的3.89元/千克，并有继续下降趋势（图1-8）。

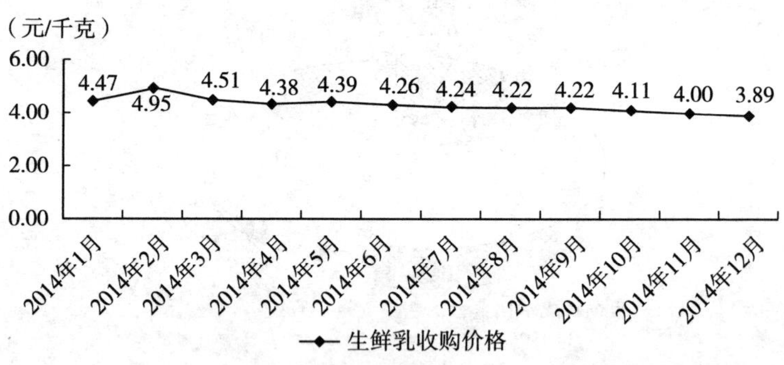

图1-8　北京示范牛场生鲜乳收购价格1～12月变化情况

（三）奶牛养殖成本收益率分析

从整体看，43个示范牛场整体成本收益率较为稳定。2014

年除了 3 月和 4 月以外，示范牛场成本收益率均为 20%（图 1-9）。从示范牛场个案看，43 个示范牛场中大部分牛场处于盈利状态，其中 9 家牛场成本收益率超过 50%，4 个牛场略有盈亏，6 家牛场亏损，其中 5 家亏损幅度小于－20%。

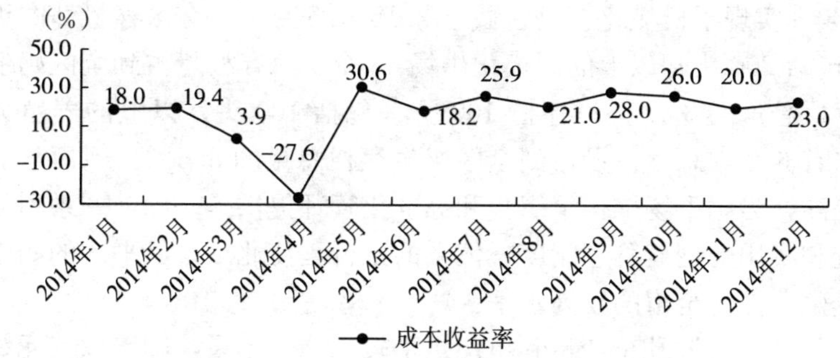

图 1-9　2014 年 1～12 月示范牛场成本收益率变化

四、典型区（县）奶业发展概况

（一）昌平奶业发展概况

近年来，北京市昌平区奶牛业以建设国际科教新城为主导，以建设都市型现代奶业发展为主脉，以转变养殖结构方式为主线，以适应北京市城市化建设需求为目标，按照北京市畜牧业区域布局和发展规划要求，积极稳妥地调整、优化奶牛产业结构和空间布局，逐步从传统养殖向规模化、标准化、现代化养殖业的转型，打造理念先进、布局合理、品质优良、效益明显、环境友好的都市型现代奶牛产业体系。

1. 昌平区奶牛产业发展现状及特点

（1）奶牛存栏规模稳中有降。据北京市昌平区畜牧业统计年鉴，2011 年以来，北京市昌平区牛存栏量呈稳中有降的发展过程，2011 年存栏 11 422 头，2012 年存栏 11 109 头，2013 年存栏 11 128 头，2014 年存栏 10 727 头，截至 2015 年 5 月底，昌平区奶牛存栏 10 529 头，成乳牛存栏 6 980 头。

（2）奶牛养殖水平呈现较高的规模化。2008 年“三聚氰胺事件”之后，昌平区积极推进了奶牛饲养管理的规模化、组织化和标准化，奶牛标准化、规模化养殖水平稳步提升，奶牛养殖场 100%实现了机械化挤奶。截至 2015 年 5 月底，全区存栏 200 头（包括 200 头）以上的规模化牛场 13 个，总存栏量占到全区奶牛存栏总量的 85.7%；存栏 100 头（包括 100 头）以上的养殖大户有 6 个，总存栏量占到全区奶牛存栏总量的 8.6%。规模化的提高，为奶牛场推行组织化和标准化管理提供了基础，一系列先进和实用的饲养管理制度、体系的推行，使北京市昌平区的奶牛养殖业处于全市的较高水平。

（3）生鲜乳总产量和单产水平较高。近年来，随着以三元绿荷奶牛养殖中心为代表的现代奶牛饲养管理实用、新技术的积极推广，全区牛奶产量和单产水平呈稳步提高趋势。2011 年，全区牛奶年总产量 4.82 万吨，成乳牛平均单产 6.4 吨，分别比 2006 年增长了 3.3%和 10.7%。和全国 5.4 吨/头的平均水平相比，昌平区成乳牛单产平均高出约 1 吨/头。

（4）生鲜乳收购点分布。近年来，昌平区遵循北京市“建设一批、提高一批、淘汰一批”的目标，集中开展生鲜乳收购站的清理整顿工作。在区域分布上，根据北京市奶牛养殖优势区域分布及奶业发展需求，相关部门遵循重点地区重点发展、集中整合高水平生产的原则，对生鲜乳收购点进行了布局调整。2012 年全区奶站数量由原来的 17 个缩减至 5 个，其中乳品加工企业性质 4 个、奶牛专业合作社性质 1 个。日收购 10 吨以上 1 个，日收购 10 吨以下 5 个。

（5）乳品加工企业分布。“三聚氰胺事件”后，北京市重新对乳品加工企业的资格进行审查和调整，乳品加工企业分布发生一定改变。昌平区具有北京市乳制品及相关乳饮料生产许可证的企业有 5 家。分别是三元、吉康、恒兴、富邦、双铭牧业。

(6) 饲料加工企业分布。辖区内共有51家饲料生产企业，其中生产牛饲料的企业有26家。除北京三元禾丰牧业有限公司、北京北农大动物科技有限责任公司、北京中农大高新技术有限公司等几家公司生产的饲料在本地有销售外。其他企业生产的饲料在本区乃至本市销量很少，几乎全部销往外省市。

2. 奶牛技术服务体系建设　奶牛产业作为昌平区畜牧业的重要支柱产业，北京市昌平区在国家奶牛产业政策扶持体系的基础上建立了区农委、区农业局（区动物卫生监督管理局）、区畜牧水产技术推广站、区动物疫病预防控制中心、镇动物防疫站＋村级防疫员等区、镇（办事处）、村的“四级”奶牛技术服务体系。通过“四级”奶牛技术服务体系的建立和完善，有效地整合了全区的科技、人才资源，最大限度地发挥了首都郊区的科技资源优势，创立了多种形式的产学研合作模式，为奶业的健康发展提供了政策、科技与人才的支撑。

2012年6月，奶牛产业技术体系北京市创新团队昌平区综合试验站成立，下设3个田间学校工作站，分别是昌平区南口镇村农民田间学校工作站、昌平区城南街道旧县村农民田间学校工作站、北京市昌平区沙河镇踩河村农民田间学校工作站，共同承担昌平区奶牛产业体系的工作。

昌平区动物疫病预防控制中心长期开设动物门诊和药房，面向全区及周边养殖场户服务，中心还配备完善的实验室，实验室已于2005年，在郊区（县）中第一个通过了北京市质量技术监督局的计量认证，2010年，又通过了农业部兽医实验室的考核认证。实验室目前可开展32项实验室检测项目，其中通过计量认证的28项。各项基础设施建设均符合国家相关要求和建设标准，已达到生物安全二级的要求。

3. 奶牛养殖新技术推广应用情况

(1) 奶牛选种选配、生产性能测定、谱系建立和后裔测定技术。统计数据表明，北京市昌平区奶牛生产性能为：平均单产

7.5 吨，乳脂率 3.8%，乳蛋白 3.1%，体细胞数 30.0 万/毫升，细菌数 22.0 万/毫升，在全市处于较高水平。规模场已全部开展生产性能测定（DHI）工作。生产性能测定技术能有效地指导养殖场的繁育、饲养等管理工作。部分奶牛场已建立了奶牛系谱，并能认识到其重要性。

（2）冻精及性控精液人工授精技术。冻精人工授精技术已全部推广使用，性控精液人工授精技术部分牛场正在使用。

（3）信息化及数字化管理技术。50%的奶牛场均建成了计算机管理系统，对生产的决策、控制提供了可靠的信息依据，管理手段实现了从定性化向数据化的转变，为实现“精、准、高效”的奶牛养殖业创造了条件，对奶牛场生产管理水平的提高起到更大的推动作用。

（4）日粮配制技术。牛场养殖人员对饲料配制技术掌握程度相对较高，大部分养殖场饲料配方依据饲养标准计算，其中少部分按饲料企业制定的饲养标准计算。

（5）奶牛精细饲养技术。大部分养殖场根据奶牛各生长阶段营养需要的特点，按奶牛生产实际分群、分阶段进行饲喂，并且大部分养殖场对各阶段牛只进行单独配料。

（6）粗饲料加工与调制技术。大部分养殖场选用的粗饲料为青贮，并且为全株玉米青贮，还经常对粗饲料的品质进行检测。在青贮制作过程中，部分养殖场使用青贮添加剂。

（7）TMR 饲喂技术。规模场和养殖大户均采用了 TMR 饲喂饲喂方式。配制 TMR 日粮选用的设备大部分为进口。大多采用固定式 TMR 搅拌车，使用人工投料，剩料及浪费较为严重；小规模养殖场及散养户多采用人工传统的精、粗饲料分开饲喂。

（8）犊牛饲喂初乳技术。全区规模场和养殖大户新生犊牛全部应用了此项技术，新生犊牛的下痢发病率明显降低。

（9）奶牛怀孕测试技术。该项技术是早期妊娠诊断的一种方法，通过及早发现空怀牛，并对其进行再处理和再次输精的方式，减少空怀天数、缩短产犊间隔，提高奶牛繁殖性能，提高牛场生产效率和经济效益。目前在全区已全面推开。

（10）奶牛乳房炎防治技术。通过推广使用盐酸头孢噻呋乳房注入剂，能降低乳房炎的发病率7.6%。

（二）密云奶业发展概况

1. 密云奶牛养殖业发展情况

（1）奶牛存栏及牛奶产量情况。从表1-3可见，2012年以来密云县奶牛存栏及产奶量都持续下降。密云县2014年奶牛存栏量为18 814头，比2012年减少了15%；2014年牛奶产量为72 118吨，比2012年减少了12%。

表1-3 密云县奶牛存栏及成乳牛存栏量

年 份	奶牛总存栏（头）	成乳牛存栏（头）	牛奶产量（吨）
2010	19 750	14 710	80 433
2011	21 064	16 260	80 754
2012	22 053	16 257	81 573
2013	18 837	12 572	78 697
2014	18 814	11 775	72 118

（2）奶牛养殖规模化情况。密云县奶牛养殖规模化程度不断提高。50头以下的散户数量逐渐减少；100头以上养殖场数量在增加，2014年其存栏头数占总存栏的比重达到91.28%（表1-4）。

表1-4 不同规模奶牛养殖场户数及存栏情况

规模	1～49头		50～99头		100～499头		500～999头		1 000头以上	
	场(户)数	存栏头数	场(户)数	存栏头数	场(户)数	存栏头数	场(户)数	存栏头数	场(户)数	存栏头数
2010	138	952	5	351	16	4 594	10	6 979	2	6 167

（续）

规模	1～49头		50～99头		100～499头		500～999头		1 000头以上	
	场(户)数	存栏头数	场(户)数	存栏头数	场(户)数	存栏头数	场(户)数	存栏头数	场(户)数	存栏头数
2011	153	1 170	4	261	17	4 790	9	6 572	4	9 768
2012	144	1 186	5	402	13	3 598	8	5 770	6	11 972
2013	70	707	10	956	24	5 841	7	4 759	4	6 610
2014	63	684	10	956	24	5 805	7	4 759	4	6 610

（3）奶牛养殖组织化情况。在2015年3月统计，存栏40头以上的场、合作社和小区29个，共存栏18 384头，其中养殖合作社7个，共存栏5 134头。

奶价偏低，乳企收奶受限制等原因，2个养殖小区的养牛户已没有成母牛了。

通过调查，养殖较好的主要是一些养殖场。

2. 密云县奶业发展的成功经验借鉴

一是政府政策的支持。2001年密云县出台奶牛养殖补贴政策是，密云的奶牛业发展到1万头以上，以后逐渐发展到现在的规模。

二是奶牛养殖场的自身竞争力。经调研，生存下来的养殖场主要是在饲养和管理中不断汲取先进的奶牛场的成功经验，提升了效益。

3. 密云县奶业发展面临的主要问题

一是市场的影响，养殖企业利润下降，影响了密云县奶牛业的健康发展。

二是密云水源区的保护和耕地的控制，奶牛业的发展维持现状。

三是粪污的去处问题，给奶牛业养殖场带来了负担。

四是饲料、饲草成本高。随着北京市的100万亩*造林计划的实施，本地和周边地区玉米种植面积减少，青贮饲料的原料价格逐步提高。

4. 密云县奶业发展的对策建议

一是为奶牛粪便处理给予一定的补助。

二是保护原有的奶牛养殖企业，针对目前奶价偏低，一年运转的情况，按照产奶量给予一定的补贴。

（三）房山奶业发展概况

1. 房山奶牛养殖业发展情况

（1）奶牛存栏及牛奶产量情况。2014年房山区奶牛存栏11 516头（表1-5），其中三元有规模化养殖场5个，奶牛存栏5 460头，区（县）养殖场存栏6 056头。奶牛存栏规模比上年减少2 555头。三元大型养殖场成母牛平均单产10吨以上，远远超过其他小型养殖场和散户。

表1-5　房山区奶牛存栏及成乳牛存栏量

年　份	奶牛总存栏（头）	成乳牛存栏（头）	牛奶产量（吨）	成乳牛单产（吨）
2010	9 141	4 787	11 704.80	2.45
2011	10 408	5 798	29 843.50	5.15
2012	10 473	5 880	34 653.30	5.89
2013	14 071	7 118	42 732.50	6.00
2014	11 516	6 567	46 217.80	7.04

注：10年的牛奶产量不包含三元奶牛场的牛奶产量。

（2）奶牛养殖规模化情况。房山区近4年奶牛的养殖主要以散养户为主，以2014年为例，散养户占总存栏量的22.40%，

* 亩为非法定计量单位。1亩=1/15公顷。

散养户数占总户数的94.91%；存栏在500头以上的牛场只有4家，占总存栏量的20.58%；存栏千头以上的只有4家，占总存栏量的48.19%，而且这4家奶牛场都是三元奶牛场的。综上所述，房山区奶牛养殖规模化程度较低，散养户的养殖技术水平较低，经济效益偏低（表1-6）。

表1-6 不同规模奶牛养殖场户数及存栏情况

规模	1～49头		50～99头		100～499头		500～999头		1 000头以上	
	场(户)数	存栏头数	场(户)数	存栏头数	场(户)数	存栏头数	场(户)数	存栏头数	场(户)数	存栏头数
2010	311	2 560	4	226	4	900	—	—	—	—
2011	171	1 644	1	58	1	400	1	520	—	—
2012	250	3 316	—	—	4	1 329	3	1 838	3	3 391
2013	241	2 292	2	124	4	1 369	4	2 332	3	3 391
2014	198	2 186	7	442	3	1 036	4	2 415	4	5 654

（3）奶牛养殖组织化程度较低。房山区奶牛养殖合作社只有3家。

2. 房山奶业发展面临的主要问题

一是兽医、配种人员技术水平参差不齐，规模场技术水平较高，散养户偏低。

二是饲养成本偏高，饲料价格与牛奶价格持相反的递增现象。

三是散养户卖奶难，奶价不稳定，往往低于饲养成本。

四是从事奶牛养殖的场户环保意识不强，尤其是散养户没有节能减排意识。

3. 房山奶业发展的对策建议

一是今后重点指导养殖场户树立科学健康养殖理念，推广并发展种养结合的饲养模式，从养殖业的环保、节能、低碳等措施入手，促进养殖过程中精细化管理的实施，从管理要效益，提高养殖水平。

二是集中整合奶牛养殖方面的新技术，新产品，整体推进，让示范场全面应用新产品新技术，打造高效示范场。充分发挥示范场的示范作用，扩大新产品，新技术的应用覆盖面。

三是充分发挥奶牛综合试验站的桥梁与纽带作用，借助奶牛团队平台，创造一切条件，加快新产品、新技术的落地速度，做好养殖场户、工作站和专家沟通的纽带，及时为养殖场户解决生产中的难题。

五、北京奶业发展面临的主要问题

一是乳企原料奶限量或拒收使奶农养殖积极性受挫。从原料奶收购企业看，示范牛场45%的原料奶被三元收购，伊利占到了27.5%，蒙牛所占比重较小为5%。自2014年10月以来，受国内外市场震荡的影响，各个乳品加工企业采取了限量或拒收奶措施，尽管拒收比重不大，约占原料奶销售量的4.7%，但给对奶农养殖积极性带来一定的打击。奶农养殖信心的提振将是关系到北京奶业可持续发展的重要问题，值得继续关注追踪。

二是进口乳制品冲击乳企国内市场，尤其液态奶的进口对北京常温奶生产带来了较大冲击，乳制品加工企业的市场细分调整成为必然。

三是消费者对洋品牌的信赖，重塑国有品牌消费信心至关重要。

第二章　北京奶牛专业合作社经营效率分析

一、引言

21 世纪以来，中国政府不断加大对农业合作社的支持力度。2003 年，“农民合作经济组织法”被正式列入全国人大立法规划；2006 年，《中华人民共和国农民专业合作社法》经第 10 届人民代表大会常务委员会通过，于 2007 年 7 月 1 日起实施，至此，农业合作社的发展有了法律保障。此后，中共十八大明确提出，要“发展多种形式规模经营，构建集约化、专业化、组织化、社会化相结合的新型农业经营体系”。政策的变化带动了农业专业合作社的发展，北京市也不例外。

随着市场经济的发展，广大弱势小农为了降低交易成本、实现规模经济、改善市场地位、提高市场竞争力组成了合作社。与小农分散独自进入市场相比，合作社有明显的优越性。合作社的存在改变了小农分散经营模式，提高了个体农民在所在产业链上的劣势地位，增加了农户的话语权和定价权，降低了他们的投资支出，保障了农户的利润空间。

据北京市农村经济研究中心数据统计，截至 2012 年年底，北京市按《农民专业合作社登记管理条例》登记的奶牛养殖专业合作社数共 173 个，拥有资产总额 4.79 亿元，而据调查发现，实际运营的奶牛养殖专业合作社仅有 55 个。那么，处于现代市场经济环境下的北京奶牛养殖专业合作社的运行效率如何，哪些因素影响到了奶牛养殖专业合作社的效率，各合作社可以通过什么途径提高现有技术效率水平，这些问题是奶牛养殖专业合作社实践者及相关部门需要考虑的现实问题，也是本研究将要回答的问题。

生产效率（技术效率）是指在技术的稳定使用过程中，技术的生产效能发挥的程度，主要包括技术进步和效率变化两个方面。而农民专业合作社的效率测度一直是农业经济学者关注的焦点之一。早在 1989 年，Lerman 和 Parlianent 通过非参数法测量了乳制品、谷物、棉花等合作社的经济效率；Galdeano - Gomez 和黄祖辉等使用了 Bootstrap DEA 方法测度了合作社效率；扶玉枝等采用 Bootstrap DEA 模型准确测度了 2009 年浙江省粮食和一般经济作物类、蔬果类及畜禽水产养殖类 3 类营销合作社总体及细分产品类型的技术效率、纯技术效率和规模效率，并在此基础上分析了影响合作社技术效率的因素；张大海等于 2011 年采用基于 DEA 的 Maltquist 生产率指数分析方法，对 2003 年广东省供销合作社系统全面改革以来经营效率的总变动情况和分区域变动情况进行了分析，研究结果表明，改革后供销社系统整体的经营效率维持在较高水平，但地市供销合作社的经营效率出现回落，且各区域的供销合作社是差异化发展趋势；Singh 等使用印度奶制品合作社数据，运用 Fisher 指数测度了合作社全要素生产率（TFP）。

现阶段利用 DEA 模型对农民专业合作社经营效率评价研究的指标主要涉及的投入产出指标很多，朱雯在研究中采用平均受教育年限、固定资产净值、成员人数作为投入指标，将年总产值、人均纯收入、成员户比非成员户人均高出数作为产出指标；Galdeano 采用资本、劳动、固定资产作为投入指标，价值增值作为产出指标；Soboh 等采用固定资产、原材料成本、劳动成本作为合作社投入指标，总营业额作为产出指标；黄祖辉采用资本、劳动、其他支出作为合作社投入指标、总收入作为产出指标，其中，其他支出主要用统一购买生产投入品总值等其他支出来代替。

效率值是一个相对值，样本需要具有同质性和可比性，但不同业务类型的合作社存在较大的异质性，且所选决策单元应具备相同的目标、任务、外部环境和输入、输出指标。因此，本研究利用DEA模型，将北京市奶牛养殖专业合作社作为决策单元，测定了北京奶牛养殖专业合作社的生产效率（技术效率），并进一步探讨了部分典型奶牛合作社技术效率水平的提高途径，分析了合作社发展的合理趋势和选择。

二、模型与方法

在DEA方法理论体系中最具有代表性的是基于规模报酬不变（Constant Return to Scale，CRS）的 C^2R 模型和基于可变规模报酬（Variable Return to Scale，VRS）的 B^2C 模型。在DEA模型中，最基本的为 C^2R 模型。设有 n 个决策单元，每个决策单元有相同的 m 项投入，输入向量为：

$$x_j = (x_{1j}. x_{2j}, \cdots, x_{mj})^T > 0, j = 1,2,\cdots,n$$

每个决策单元有相同的 s 项产出，输出向量为：

$$y_j = (y_{1j}. y_{2j}, \cdots, y_{sj})^T > 0, j = 1,2,\cdots,n$$

此外，还需要对每一个输入和输出进行赋权，设 v_i 为第 i 类型输入的权重，u_r 为第 r 类型输出的权重。由此可以构成如下 C^2R 模型：

$$\max h_{j0} = \frac{\sum_{r=1}^{p} u_r y_{rj0}}{\sum_{i=1}^{m} x_{ij0} v_i}$$

$$\text{s. t}\begin{cases} \max h_{j0} = \dfrac{\sum_{r=1}^{p} u_r y_{rj0}}{\sum_{i=1}^{m} x_{ij0} v_i} \leqslant 1, & j = 1,2,\cdots,n \\ u_r, v_i \geqslant 0, & i = 1,2,\cdots,m; r = 1,2,\cdots,p \end{cases}$$

该模型是分式规划问题模型，为计算简便，可通过适当变换，将其转化为一个等价的线性规划数学模型。C^2R 模型假定生产技术是固定规模报酬的，需要添加约束条件将其转化为可变规模报酬（VRS）：$\sum_{j=1}^{n}\lambda_j = 1$，本研究采用如下 B^2C 模型对北京奶牛养殖专业合作社的规模经济进行研究：

$$\begin{cases} \min\theta = V_D \\ \sum_{j=1}^{n}\lambda_j x_j + s^- = \theta x_0 \\ \sum_{j=1}^{n}\lambda_j x_j - s^+ = y_0 \\ \sum_{j=1}^{n}\lambda_j = 1 \\ s^+ = (s_1^+, s_2^+, \cdots, s_s^+)^T \geqslant 0 \\ s^- = (s_1^-, s_2^-, \cdots, s_s^-)^T \geqslant 0 \end{cases}$$

在上述模型中，s^+ 为松弛变量，s^- 为剩余变量，θ 无约束。若 $\theta=1$，且，$s^-=0$，则该决策单元为 DEA 有效，即生产活动同时为技术和规模有效；若 $\theta<1$，则决策单元不是 DEA 有效。此外，可用模型中 λ_j 的最优值来判别决策单元的规模效益情况，若有 $\sum_{j=1}^{n}\lambda_j = 1$，则该决策单元为规模有效；若 $\sum_{j=1}^{n}\lambda_j < 1$，则为规模效益递增；$\sum_{j=1}^{n}\lambda_j > 1$，则为规模效益递减。

三、数据来源与分析

本研究的数据来源于北京市农村经济研究中心提供的全市奶牛养殖专业合作社 2012 年数据，在北京市农村经济研究中心提供的 173 个奶牛养殖专业合作社数据中，经调查发现实际运营的仅为55个，将其中资产总额为零、统一购买生产投入品的支出额为零、年总收入为零的合作社剔除（由于前文所述模型条件限制），这样共得到合作社样本29个。

本研究在其他人研究的基础上，选取的投入变量主要从资本和劳动以及其他投入方面考虑，产出指标用当年奶牛养殖专业合作社总收入（万元）（y）表示，X_1、X_2 和 X_3 为奶牛养殖专业合作社的投入指标，分别为劳动、资本和其他投入（表2-1）。其中，劳动投入用劳动力数量即合作社成员数量（人）来表示；资本用该合作社的资产总额（万元）来反映；其他投入用合作社用于统一购买生产投入品总值（万元）等来表示。

表2-1 投入—产出变量

投入产量	产出变量
成员总数（人）（X_1） 资产总额（万元）（X_2） 其他投入（X_3）	年总收入（万元）（y）

四、总体经营效率测算

本研究使用DEAP2.1软件对北京市29家奶牛养殖专业合作社在规模报酬不变条件下的技术效率（TE）以及规模报酬可变条件下的纯技术效率（PTE）和规模效率（SE）进行了测算，其中技术效率（TE）=纯技术效率（PTE）×规模效率（SE）（表2-2）。

表2-2 总体经营效率测算结果

合作社名称	技术效率（TE）	纯技术效率（PTE）	规模效率（SE）	生产状态	排名
北京XMFM奶牛专业合作社	1.000	1.000	1.000	—	1
北京FXM奶牛养殖专业合作社	1.000	1.000	1.000	—	2

（续）

合作社名称	技术效率（TE）	纯技术效率（PTE）	规模效率（SE）	生产状态	排名
北京 XXCX 养殖合作社	1.000	1.000	1.000	—	3
北京 YC 奶牛养殖专业合作社	1.000	1.000	1.000	—	4
北京 WZY 养殖专业合作社	0.858	1.000	0.858	Irs	5
北京 MHC 奶牛专业合作社	0.845	1.000	0.845	Drs	6
北京 XR 奶牛养殖专业合作社	0.761	0.761	1.000	—	7
北京 BJHX 养殖专业合作社	0.736	1.000	0.736	Irs	8
北京 YMYF 奶牛专业合作社	0.612	0.742	0.824	Drs	9
北京 TTYB 奶牛专业合作社	0.600	0.864	0.695	Drs	10
北京 KLD 养殖专业合作社	0.578	0.596	0.970	Irs	11
北京 RC 奶牛专业合作社	0.562	0.595	0.944	Irs	12
北京市 FL 奶牛专业合作社	0.540	0.625	0.864	Irs	13
北京 DLSY 奶牛养殖专业合作社	0.502	1.000	0.502	Irs	14
北京 SM 奶牛养殖专业合作社	0.497	0.512	0.970	Drs	15
北京 DD 奶牛专业合作社	0.455	0.487	0.984	Irs	16
北京 XY 奶牛养殖专业合作社	0.394	0.425	0.928	Drs	17
北京 XLS 奶牛养殖专业合作社	0.389	0.462	0.843	Drs	18
北京市 SJY 养殖专业合作社	0.319	0.335	0.952	Drs	19
北京 XLX 奶牛养殖专业合作社	0.310	0.317	0.979	Drs	20
北京 BY 奶牛养殖专业合作社	0.208	1.000	0.208	Irs	21
北京 YBRH 养殖合作社	0.203	0.255	0.796	Irs	22
北京 BXL 奶牛养殖专业合作社	0.194	0.195	0.993	Irs	23
北京 RLTX 养殖专业合作社	0.182	1.000	0.182	Irs	24
北京 JZWAM 养牛专业合作社	0.155	0.155	0.996	Irs	25
北京 JWY 养殖专业合作社	0.139	1.000	0.139	Irs	26
北京 JCHD 奶牛专业合作社	0.105	0.177	0.592	Irs	27

（续）

合作社名称	技术效率（TE）	纯技术效率（PTE）	规模效率（SE）	生产状态	排名
北京 XGSL 奶牛养殖专业合作社	0.077	0.110	0.699	Drs	28
北京 YMXW 养殖专业合作社	0.068	0.086	0.781	Irs	29
平均值	0.493	0.645	0.801	—	

注：纯技术效率是企业由于管理和技术等因素影响的生产效率；规模效率是由于企业规模因素影响的生产效率；Irs 表示该合作社处于规模报酬递增阶段；Drs 表示该合作社处于规模报酬递减阶段。

在规模报酬不变的条件下，2012 年北京市奶牛养殖专业合作社的平均技术效率为 0.493。这说明，北京市奶牛养殖专业合作社的技术效率比较低，多数奶牛养殖专业合作社利用现有资源的能力较差。较低的平均技术效率水平也说明了合作社实现投入—产出最大化的能力差异较大，合作社发展并不平衡。另外，使用该方法可以为效率较低的合作社提供提高效率的途径，显示了提高效率的潜力。

在规模报酬可变的情况下，将北京市奶牛养殖专业合作社的平均技术效率分解为平均纯技术效率和平均规模效率，其值分别为 0.645 和 0.801，平均纯技术效率值低于平均规模效率，可见，北京市奶牛养殖专业合作社平均技术效率低的主要原因是纯技术效率低，可能是因为北京市奶牛养殖专业合作社资产投入相对于收益水平而言过多，或者经营、管理不善等。

在北京市奶牛养殖专业合作社的技术效率测算中，北京 XMFM 奶牛养殖专业合作社、北京 FXM 奶牛养殖专业合作社、北京 XXCX 养殖合作社、北京 YC 奶牛养殖专业合作社的技术效率值为 1，其余奶牛养殖合作社技术效率值为 0.7 以上的有 4 家，可见，北京奶牛养殖专业合作社技术效率普遍较低。另外，合作社中规模报酬递减的有 9 家，其余的为规模报酬递增或规模报酬不变。

五、目标改进分析

奶牛养殖专业合作社通过整合资源，调整组织结构，调整人员配置构成实现规模经济是其改进综合经营效率的关键。数据包络分析法（DEA）为北京市奶牛养殖专业合作社提供了改进方法，综合效率较弱的合作社可以通过缩减投入、加大产出等方法，最终达到综合效率相对有效。

本研究选取 DEA 测算结果——合作社技术效率值排名第七、第九、第二十二的北京 XR 奶牛养殖专业合作社、北京 YMYF 奶牛专业合作社、北京 YBRH 养殖合作社 3 家样本合作社（这 3 家样本合作社情况不同，且目标改进情况代表了 3 种不同的类型）2012 年的运营情况进行目标改进分析。

表 2-3　北京 XR 奶牛养殖专业合作社综合效率目标改进分析

分　类	指　标	原始值	目标改进值
输出指标	年总收入（万元）	255.500	355.532
输入指标	成员总数（人）	5.000	5.000
	资产总额（万元）	800.000	378.280
	其他投入（万元）	46.000	46.000

表 2-3 显示了北京 XR 奶牛养殖专业合作社 2012 年的综合效率目标改进值，其中输入指标中成员总数与其他投入与目标改进值一致，说明在这两方面不存在剩余或短缺现象，而资产总额目标改进值为 378.280 万元，说明北京 XR 奶牛养殖专业合作社资产存在配置不合理，呈现剩余状态，需要改进。输出指标方面存在一定的产出不足现象，存在改进空间。

表 2-4　北京 YMYF 奶牛专业合作社综合效率目标改进分析

	指　标	原始值	目标改进值
输出指标	年总收入（万元）	600.000	808.504
	成员总数（人）	19.000	16.674
输入指标	资产总额（万元）	600.000	359.896
	其他投入（万元）	120.000	120.000

表 2-4 显示了北京 YMYF 奶牛专业合作社 2012 年的综合效率目标改进值，其中输入指标中仅统一购买生产投入品总值与目标改进值一致，无需变动，成员总数与资产总额都有冗余现象，应该做出调整。输出指标中年总收入目标改进值为 808.504 万元，与原始值相比仍有提升空间。

表 2-5　北京 YBRH 养殖合作社综合效率目标改进分析

分　类	指　标	原始值	目标改进值
输出指标	年总收入（万元）	50.000	196.385
	成员总数（人）	50.000	9.606
输入指标	资产总额（万元）	91.000	91.000
	其他投入（万元）	40.000	40.000

表 2-5 显示了北京 YBRH 养殖合作社 2012 年的综合效率目标改进值，其中资产总额与统一购买生产投入品总值的原始值与目标改变值一致，表明该合作社在这两方面不存在剩余或缺乏，而输入指标中成员总数存在严重的剩余，该合作社可以适当调整。输出指标方面存在较大的产出不足现象，年总收入的改进值为 196.385 万元，表明存在较大的改进空间。

六、研究结论与政策启示

目前，北京奶牛养殖专业合作社总体效率水平较低，要改变现状，通过整合现有资源，实现投入—产出最大化，可从以下几个方面考虑。

1. 纯技术效率层面　研究发现，北京奶牛养殖专业合作社技术效率偏低主要原因是纯技术效率低下，而社员的结构及其素质在很大程度上影响着合作社的效率，一些发展较好的合作社，一个非常重要的因素就是地方政府及职能部门强化培训、悉心辅导以及加大扶持力度。相当一部分奶牛养殖合作社存在运作不规范、人力资源浪费、活力不足，也是因为缺乏专业、及时、有效的辅导和培训。

对于奶牛养殖专业合作社来说，首先，在现有资源环境条件下，应加强对合作社的管理，使合作社资源配置达到最优，从而提高合作社组织经营效率；其次，加大对专业性人才的培训，并利用激励机制留住现有人才，切实搞好基层干部、专业合作组织负责人和管理人员的培训工作，提高认识和经营管理水平；最后，新技术、新思想的引进可有效提升合作社的效率。

2. 规模效率层面　合作社规模影响技术效率的变化。合作社在拥有高素质经营管理人才的前提下，随着规模扩大，能够拥有更先进的设备，具有更强的获取资金能力。调查发现，北京奶牛养殖专业合作社在数量上发展迅速，但规模较小，这是导致合作社规模效率较低的重要原因之一。因此，要改变现状，不能盲目增加数量，更不能盲目扩大规模，各合作社可根据实际情况，采取联合、兼并等措施进行优化组合，建立促使资源达到最佳配置的运行机制。

第三章 北京乳品加工企业成长性评价

企业成长性研究是指对影响企业成长的因素及其交互作用的研究，研究成果统称为企业成长理论。企业的成长性是指企业不断挖掘未利用的资源，持续实现潜在价值生产的能力，是依据企业的发展状况和能力，对未来企业走向做出精确预测。并能够合理的进行评价，找出适合企业评价走向的方法，能够准确的预测企业未来的成长性，既可以给股票投资者的决策提供判断依据，也对企业发展具有深远意义。

关于企业成长性的研究颇多。黄潇（2012）以民营房地产上市公司2010年的财务报表中的数据为基础进行因子分析，得出了我国民营房地产上市公司的成长性主要受以资产报酬率、净资产收益率、每股收益和总资产收益率为主的企业盈利能力的驱动，此外还要加强企业的内部风险管理。李金洲等（2008）、李晓非等（2008）、龚福和等（2013）均采用因子分析法对不同上市企业的成长性进行实证研究。李长春等（2011）和张倩（2011）建立了上市企业成长性的评价指标体系，并采用突变级数的方法进行实证研究。李益娟（2009）从企业的偿债能力、营运能力、股东获利能力、现金流量能力、盈利能力和发展能力这六个方面选择了36个财务指标来判定我国上市公司的成长性，采用Logisitic回归模型对24家上市公司进行实证分析，得出对企业成长性影响最大的4个指标是流动负债比率、每股未分配利润、有形净值债务率和现金流量对流动负债比率。崔璐等（2011）运用层次分析—灰色关联度综合评价法对中小科技企业的成长性进行了测度比较。陈爱成（2012）、何奕佳（2008）、程海峰等（2005）创建企业评价体系并用重进行合理赋值，对企业的成长性进行了综合层次分析法依据权重进行合理赋值，对企业的成长性进行了综合的评价。陈晓兰（2008）采用定性与定量相结合的方法，构造出评价中小企业成长性的模型，应用层次分析法对多指标进行综合考虑，并且通过实证研究，证明了该方法的科学实用性。

本文通过财务角度，依据乳品企业财务报表，通过各个财务指标对企业的重要性，对这4家上市乳品企业的成长性进行综合评价。

一、方法说明

层次分析法是将多个目标决策问题作为一个整体的复杂系统，将策略问题按最终目标和各分目标、待选方案评价方法，对特定序列分解为不同的层次结构，然后通过求解判断矩阵特征向量法为每个元素计算权重，最后通过计算权重法和合并目标权重，最后权重为最佳解决方案（图3-1）。

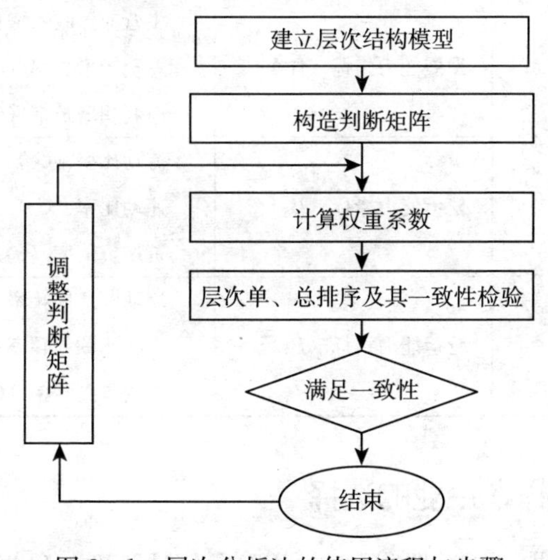

图3-1　层次分析法的使用流程与步骤

二、北京乳品企业成长性评价

（一）北京乳品企业成长性评价指标体系设置

运用层次分析法对企业成长性进行评价，首先要确定反应乳品企业成长性的指标体系。根据企业的成长性的特点和评价指标的性质，建立一个综合评价的层次结构列出乳制品企业增长。为了使结果更真实、简洁、客观、选择原则。本研究从盈利能力、发展能力、偿债能力、运营能力的 4 个方面选择了 12 个财务指标来对上市乳品企业进行成长性评价。层次结构模型如表 3－1 所示。

表 3－1　北京乳品企业成长性评价指标体系

目标层（A）	指标类别（B）	指标名称（C）
乳品企业成长性	盈利能力指标（B_1）	主营业务利润率（C_1）
		销售利润率（C_2）
		净资产收益率（C_3）
	发展能力指标（B_2）	主营业务收入增长率（C_4）
		总资产增长率（C_5）
		净利润增长率（C_6）
	偿债能力指标（B_3）	流动比率（C_7）
		速动比率（C_8）
		资产负债率（C_9）
	营运能力指标（B_4）	流动资产周转率（C_{10}）
		应收账款周转率（C_{11}）
		总资产周转率（C_{12}）

（二）样本企业的选择

本文选取了 SY 股份（600429）、MN 乳业（02319）、YL 股

份（600887）、GM乳业（600597）这4家企业收集了12个经济指标。为了更准确地反应企业持续的成长性，排除突发性因素对计算结果的影响，本研究所用的数据为2010—2012年3年的加权时间序列数据。

（三）样本指标数据的处理

在选取的这4家上市公司2010—2012年12个财务指标中，越近的年份，越能反应企业当前的状况。所以，将近5年的财务指标权重分别设置为：2012年的财务指标权重设为0.5；2011年的财务指标权重设为0.3；2010年属于过渡期，是各乳品企业发展的恢复时段。因此，将2010年的财务指标设为0.2。然后计算出三部分的加权数据，也就是12个财务指标3年的加权平均值，以此作为4家企业的评价指标。如表3-2所示，各财务指标3年的平均值分别记作X_1～X_{12}。

表3-2　北京上市乳品企业2010—2012年财务指标加权数据

企业	X_1	X_2	X_3	X_4	X_5	X_6	X_7	X_8	X_9	X_{10}	X_{11}	X_{12}
SY	20.56	0.63	2.32	14.08	11.84	−41.04	0.92	0.71	44.90	2.93	17.41	0.99
MN	22.59	4.22	11.74	8.85	6.86	2.04	1.44	1.23	40.34	3.59	58.95	1.92
YL	29.16	4.07	24.40	18.33	11.99	40.37	0.62	0.36	65.65	5.02	140.29	2.11
GM	33.98	2.38	8.46	19.47	29.33	32.97	1.16	0.89	55.78	3.34	11.50	1.73

数据来源：财务报表数据整理。

（四）两两比较判断矩阵的构造

根据层次分析法的原理，从各级子目标对财务综合评价进行重要性判别，得出层次结构模型各子目标的判断矩阵。其目的是为了对层次结构中各目标重要性进行赋值，量化各定性因素，从而更加客观的表明各个因素对上一层次因素的权重。构造两两比较的结果采用T.L.Saaty教授提出的1～9的标度方法（表3-3～表3-7）。

表 3-3　企业成长性综合评价的判断矩阵

目标层	指标层			
	B_1	B_2	B_3	B_4
$A=$	1	3	5	7
	1/3	1	3	4
	1/5	1/3	1	3
	1/7	1/4	1/3	1

表 3-4　盈利能力的判断矩阵 B_1

指标层	指标名称		
	C_1	C_2	C_3
$B_1=$	1	6	7
	1/6	1	3
	1/7	1/3	1

表 3-5　发展能力的判断矩阵 B_2

指标层	指标名称		
	C_4	C_5	C_6
$B_2=$	1	4	5
	1/4	1	2
	1/5	1/2	1

表 3-6　偿债能力的判断矩阵 B_3

指标层	指标名称		
	C_7	C_8	C_9
$B_3=$	1	4	8
	1/4	1	3
	1/8	1/3	1

表 3－7　营运能力的判断矩阵 B_4

指标层	指标名称		
	C_{10}	C_{11}	C_{12}
$B_4=$	1	3/5	8/5
	5/3	1	5
	5/8	1/5	1

（五）层次单排序及其一致性检验

对于判断矩阵最大特征根 λmax 的特征向量，经过归一化，也就是使向量中各元素之和等于 1。归一化后元素相同级别水平的因素进行权重排序，这个过程称为层次单排序。确认层次单排序所得到的结果是否合理需要进行一致性检验，是指对矩阵确定不一致的允许范围。

根据计算可得，判断矩阵 A 的最大特征值是 $\lambda max=4.000\,7$，归一化特征向量 $W_K=(0.563\,4，0.251\,3，0.124\,8，0.060\,5)^T$，一致性指标 $CI=\lambda-n/n-1=4.000\,7-4/4-1=0.000\,2$，$n=4$ 在随机一致性指标的数值表中查得 $RI=0.9$ 故一致性比率 $CR=CI/RI=0.000\,2/0.9$，计算得 $CR=0.000\,3<0.1$。所以，A 通过了一致性检验。

根据上面的计算原理，分别对判断矩阵 B_1，B_2，B_3，B_4 求层次单排序的权向量并进行一致性检验，计算结果如表 3－8 所示。

表 3－8　各矩阵特征向量及一致性指标

K	1	2	3	4
W_{K1}	0.739	0.681	0.715	0.283
W_{K2}	0.179	0.201	0.206	0.573
W_{K3}	0.082	0.118	0.079	0.144

（续）

K	1	2	3	4
λ_K	3.000	3.000	3.000	3.014
CI_K	0.000	0.000	0.000	0.007
RI_K	0.580	0.580	0.580	0.580
CR_K	0.000	0.000	0.000	0.012

通过上面的计算可知，CR_K（K=1，2，3，4）均小于0.1。因此，矩阵B_1，B_2，B_3，B_4都通过了一致性检验。

（六）层次总排序及其一致性检验

1. 层次总排序 单一相同水平，可以计算出在一个层面上，所有因素权重的层次排序。层次总排序需要一个接一个从上到下，其层次单排序即为总排序。如表3-9所示：

表3-9 各个指标的合成权数

评价指标	评价指标的合成权数
X_1（主营业务利润率）	$Z_{11}=a_1w_{11}=0.563\,4\times0.739\,4=0.416\,6$
X_2（销售利润率）	$Z_{12}=a_1w_{12}=0.563\,4\times0.178\,8=0.100\,7$
X_3（净资产收益率）	$Z_{13}=a_1w_{13}=0.563\,4\times0.081\,8=0.046\,1$
X_4（主营业务收入增长率）	$Z_{21}=a_2w_{21}=0.251\,3\times0.680\,6=0.171\,0$
X_5（总资产增长率）	$Z_{22}=a_2w_{22}=0.251\,3\times0.201\,4=0.050\,6$
X_6（净利润增长率）	$Z_{23}=a_2w_{23}=0.251\,3\times0.117\,9=0.029\,6$
X_7（流动比率）	$Z_{31}=a_3w_{31}=0.124\,8\times0.714\,6=0.089\,2$
X_8（速动比率）	$Z_{32}=a_3w_{32}=0.124\,8\times0.206\,4=0.025\,8$
X_9（资产负债率）	$Z_{33}=a_3w_{33}=0.124\,8\times0.078\,9=0.009\,8$
X_{10}（流动资产周转率）	$Z_{41}=a_4w_{41}=0.060\,5\times0.282\,6=0.017\,1$
X_{11}（应收账款周转率）	$Z_{42}=a_4w_{42}=0.060\,5\times0.573\,3=0.034\,7$
X_{12}（总资产周转率）	$Z_{43}=a_4w_{43}=0.060\,5\times0.144\,2=0.008\,7$

由此得出层次总排序的权向量，记为 Z（0.416 6，0.100 7，0.046 1，0.171 0，0.050 6，0.029 6，0.089 2，0.025 8，0.009 8，0.017 1，0.034 7，0.008 7)^T。

2. 一致性检验　由上表 3－9 已经得出准则层 B_1、B_2、B_3、B_4 对目标层 A 的层次单排序一致性指标 CI_K 及随机一致性指标 RI_K，则层次总排序的一致性比率 CR=(0.563 4×0.02+0.251 3×0.001 7+0.124 8×0.000 1+0.060 5×0.006 9)/0.58×(0.563 4+0.251 3+0.124 8+0.060 5)＝0.001 0＜0.1。所以，层次总排序通过了一致性检验。

（七）评价结果分析

1. 综合指标评价　从表 3－10 中可知，盈利能力指标排名第一，占总权重的 56.34%。我们知道，盈利能力指标是作为最有效衡量企业发展能力的、最具有影响能力的指标。企业的发展能力指标所占权重为 25.13%，排名第二。企业的偿债能力和营运能力排名靠后，重要性低于前两个指标，但是我们也不能忽视他们的重要性。

表 3－10　4 家乳品企业指标综合权重

一级评价指标	权　重	重要性排名	二级评价指标	权　重	综合权重
B_1	0.563 4	1	C_1	0.739 4	0.416 6
			C_2	0.178 8	0.100 7
			C_3	0.081 8	0.046 1
B_2	0.251 3	2	C_4	0.680 6	0.171 0
			C_5	0.201 4	0.050 6
			C_6	0.117 9	0.029 6
B_3	0.124 8	3	C_7	0.714 6	0.089 2
			C_8	0.206 4	0.025 8
			C_9	0.078 9	0.009 8

（续）

一级评价指标	权　重	重要性排名	二级评价指标	权　重	综合权重
B_4	0.060 5	4	C_{10}	0.282 6	0.017 1
			C_{11}	0.573 3	0.034 7
			C_{12}	0.144 2	0.008 7

2. 各准则层评价　对企业标准化处理后排名，如表 3－11 所示。

利用各指标的合成权数乘以相应的各指标 3 年的加权平均值，得出 4 家上市乳品企业的综合评价结果，如表 3－12 所示。综合排名第一的是 YL 股份，可以看出，该企业的企业成长指数是排名最高的，也就是说，如果企业的成长指数越高，那么企业的成长状况也就越好。YL 和 GM 股份的成长指数相对较高，其次是 MN 乳业，成长指数最低的是 SY 股份。结合表 3－10，这 4 家上市乳品企业的评价综合权重指标可以看出，主营业务利润率的指标数据越高，综合排名就越靠前，这是由于主营业务利润率的层次总权重最大，它在很大程度上说明了企业的成长性。

通过计算分析可知，在这 4 家上市乳品企业中成长状况最好的是 YL 股份，该企业的偿债能力和营运能力均排名第一，盈利能力和发展能力排名第二，YL 股份的各能力指标的排名相较于其他 3 家乳品企业来说，有着很大的优越性。综合排名第二的 GM 乳业，在盈利能力和发展能力的财务指标上排名第一。该企业的偿债能力也具有一定的优越性，但是其营运能力方面表现不是很好，使其综合实力下降，位居第二。所以，GM 乳业要想提高自身发展能力，有更好的成长性，需要提高营运能力。排名第三的是 MN 乳业，其营运能力相对较好，但是其盈利能力、发展能力和偿债能力的综合实力都不是很强，该企业需要综合提高这三方面的实力。排名最后的是 SY 股份，在盈利能力、发展能力和偿债能力方面均垫底。

表 3-11　4 家乳品企业的评价指标分值及排名

评价指标		SY	MN	YL	GM
盈利能力	分值	8.570 8	10.376 3	13.682 7	14.783 5
	排名	4	3	2	1
发展能力	分值	1.792 1	1.921 8	4.937 7	5.792 2
	排名	4	3	2	1
偿债能力	分值	0.542 6	0.557 4	0.711 3	0.675 9
	排名	4	3	1	2
营运能力	分值	0.662 5	2.122 8	4.970 2	0.471 2
	排名	3	2	1	4

表 3-12　4 家乳品企业成长综合排名

公司简称	企业成长指数	综合排名
SY 股份	11.731 2	4
MN 乳业	14.978 3	3
YL 股份	24.301 9	1
GM 乳业	21.722 9	2

三、北京上市乳品企业成长性影响因素分析

（一）技术因素

目前，我国生产乳制品的机械成套的比较少，自动化生产线也少，生产效率低，乳品企业用的机械较国外的相比是比较落后的。这 4 家乳品企业以生产液态奶为主，干酪技术还不是很成熟。由于设备不先进，技术落后，导致乳品企业的深加工、高附加值的乳制品少，阻碍了企业快速、健康的成长。就北京的这

4 家上市乳品企业来说，这 4 家企业受资金、技术、规模和人才的制约，产品的研发能力不强，没有研发出高附加值的乳制品，产品的同质化严重，缺少市场细化，缺少竞争力。

（二）管理因素

1. 财务方面　主营业务利润率、销售利润率与企业的成长性呈正相关。从上面的分析中可以知道，2012 年 SY、MN、YL 和 GM 的经营业绩都有一定的提高，但是增长缓慢。这是由于近年来随着原料奶成本上升，饲料和饲草的成本价格上涨，以及人工成本不断上涨，导致了企业的生产成本提高。因此，乳品企业应该努力控制生产成本，降低生产费用。发展能力最好的是 GM，相对较差的是 SY，主要受“三聚氰胺事件”的影响大。GM 的总资产增长率是最高的，表明该企业的资产规模扩张速度快。企业的偿债能力也可以进一步反映出企业持续经营能力的强弱，也是企业负责人最关心的问题之一。总体来看，营运能力最强的是 YL，SY、MN、GM 应该加强对企业资金、资产的管理，提高企业的营运能力。这 4 家乳品企业的总资产周转率都不是很高，表明他们的销售能力不强，而企业产品的竞争力与销售能力的强弱有很大的关系。

2. 奶源方面　目前，北京的这 4 家乳品企业建立了企业专门的奶源基地，如北京 SY 的绿荷养殖中心，但是这些较大型的养殖场并不能满足乳品加工企业对奶源的需求。所以，这几家企业的奶源一小部分来源于奶牛养殖小区和农户散养，奶源的稳定性差。随着牧场的利润走低，养殖场越来越少，奶源数量也将越来越少。总之，奶源的发展落后于乳品企业市场的发展。个别奶农为追求利润，掺假兑水，而乳制品加工企业仅是对送来的原料奶进行快速抽检，这样一来，直接影响到乳品加工企业的产品质量，严重制约了其健康发展。另外，国家颁布的质量卫生标准大多是十几年前制定的，有些已经过时，且分别隶属于不同部门，涉及指标较少，检测方法也比较落后，不能实现生产加工全过程的监控。奶源监控力度不到位，导致了乳制品的质量参差不齐。

3. 政策因素　近几年，政府加大对乳品企业的扶持力度，加强对奶业发展的政策支持，使乳品企业更加健康、快速的发展。但是由于政府没有正确引导、监管，使个别企业为了降低生产成本，走上了粗放经营模式。所以，就出现了2008年的“三聚氰胺事件”以及之后出现的一系列乳品企业掺假行为。这一系列事件，使得消费者对国产乳品信任度降低，有的甚至不信任，纷纷买进口牌子奶粉。在“三聚氰胺事件”中，GM乳业亏损2.8亿元，MN受的影响最大，亏损了9.486亿。虽然SY、MN、YL、GM这4家乳品企业已经算是国内的龙头企业，但是其发展，产品结构，技术等方面仍远远低于国外企业，政府对乳品行业的财政、税收、信贷等方面的支持力度不够，导致企业很难扩大规模，缺少资金引进先进技术。

四、建议

根据上述研究结果，我们认为提升北京乳品企业的成长性应该从以下几个方面进行：

（一）增加高新技术投入

乳品企业的规模比较小，要想增加企业的成长性，必须扩大企业生产规模，降低生产成本。当然，企业在扩大规模的同时，还要引进先进设备，提高生产效率，增加产品线。应大力发展液态奶的生产，提高乳制品的保质期和营养水平。提倡生产天然纯正的乳制品，加强绿色乳制品的研究，开发集保健、营养、医疗于一体的新型乳制品的研究，提高乳制品的附加值。同时，应大力借鉴国外先进技术，从而开发属于自己的新产品。开发具有功能性和区域特色的高附加值产品，丰富产品的品种，增加产品的品种细分类，扩大消费者群体。

（二）加强奶源监控

目前，北京当地的原料奶数量和质量不能满足乳品加工企业的需要，奶源紧张。应在北京寻求一个适合养奶牛的地方，在此地建立奶牛饲养专业合作组织，利用养殖小区将分散的众多个体奶农集中起来，统一对奶牛进行防疫，发放统一饲料配方，进行统一挤奶，牛奶统一销售，以供应当地加工企业生产鲜奶的需要。这样，既可以保证奶农的利益，降低了经营的风险，又可以有效的控制奶源的数量和质量，保证当地乳品加工企业的产品质量。

（三）加强政府的扶持力度

乳品加工企业的发展还需要政府的积极引导和企业的广泛参与。首先，政府应该为乳品加工企业提供相关的基础设施，这样才能降低企业成本，增加产品的市场竞争，加快企业成长。加大对冷藏、保鲜、运输、包装等基础设施的投入度，避免出现三聚氰胺这样类似的事件，使企业能够健康有序的发展。

第四章　北京奶业链价格形成及传导研究

本章通过分析北京市精饲料价格、生鲜乳收购价格、液态奶销售价格、奶业经济景气指数、乳制品进口情况监测等 5 个方面、11 个主要指标的变动情况，对北京奶牛产业链各相关环节的价格变动进行监控，并开展产业景气指标预警工作。

一、北京精饲料价格变动情况

（一）玉米价格

2014 年上半年，北京玉米价格逐月递增，2014 年 8 月达到历史新高的 2.70 元/千克，之后呈缓慢下降趋势，2015 年 1 月下降到 2.36 元/千克，比上月同期下降了 0.06 元/千克，并呈现持续下降趋势（图 4－1）。

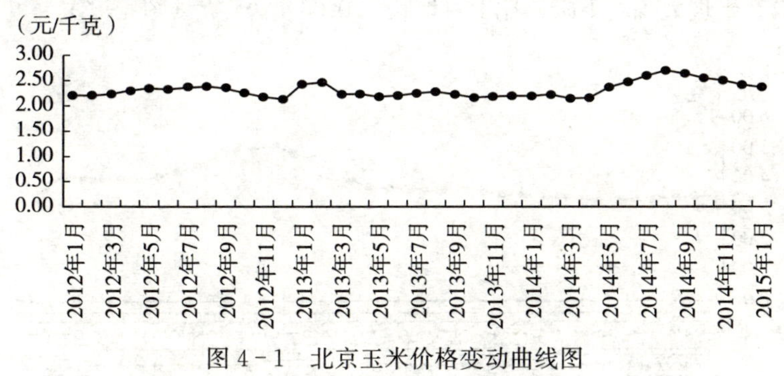

图 4－1　北京玉米价格变动曲线图

（二）豆粕价格

2014 年 1 月以来，豆粕价格略有下降并平稳运行，2015 年

1 月北京市场豆粕价格为 3.53 元/千克，比上月同期下降了 0.07 元/千克，并呈现继续下降的趋势（图 4－2）。

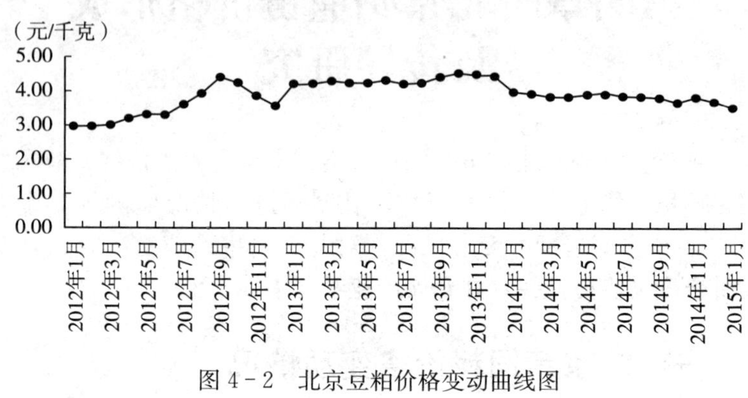

图 4－2　北京豆粕价格变动曲线图

二、北京市生鲜乳收购价格

2015 年以来，尽管各个乳品加工企业均出现拒收和限量的现象，但是从全市平均水平看生鲜乳收购价格 1 月份为 3.86 元/千克，没有出现大幅度下降，比上月增长了 0.06 元/千克（图 4－3）。

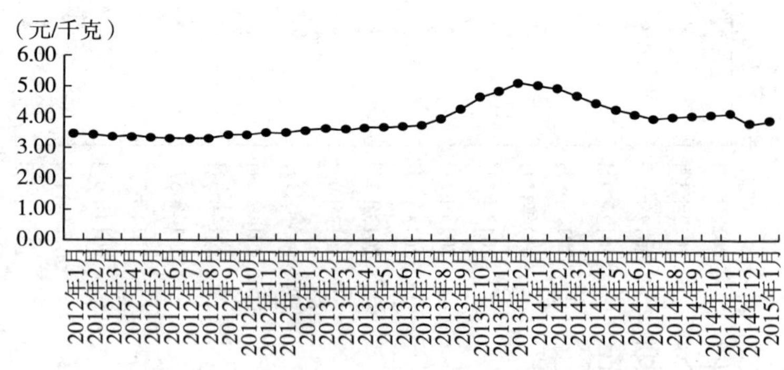

图 4－3　北京生鲜乳收购价格变动曲线图

三、北京市场液态奶销售价格

为了分析的方便和追踪的可持续性，本部分采用了240毫升利乐袋装牛奶为监测产品。从图4-4可见，液态奶销售价格呈稳定上扬的态势，到2015年1月240毫升利乐袋装牛奶平均价格达到2.63元/袋，比12月份上涨0.1元/袋。

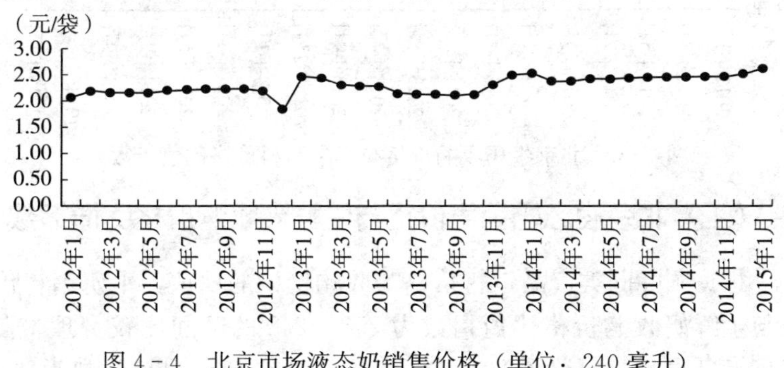

图4-4　北京市场液态奶销售价格（单位：240毫升）

四、北京奶业经济景气指数监测

（一）北京奶料价格比值指数

奶料价格比值指数，作为反映生鲜奶收购价格与奶牛饲料价格比例关系的指数，是预警奶牛生产经济效益的晴雨表。奶牛生产的波动与奶料比价指数存在着高度的正相关。奶料价格比值指数合理（上升），奶牛生产就能保持稳定发展的势头；指数下降（失衡），奶牛生产就会出现下滑。从指数对奶牛生产的影响度评估，可以认为，指数为1.40以下对奶牛业发展不利，1.40为奶牛业兴衰与否的临界点；指数为1.40～1.60时，奶牛业处于相对平稳的状态；指数为1.60以上，对奶牛业发展有利，是奶牛业得以健康稳定发展的空间。2014年8月份以来，北京奶料价格比值指数一直在 1.40 的红色警戒线附近徘徊，2015 年 1 月该指数为 1.49，比上月提升了 0.07（图 4－5）。

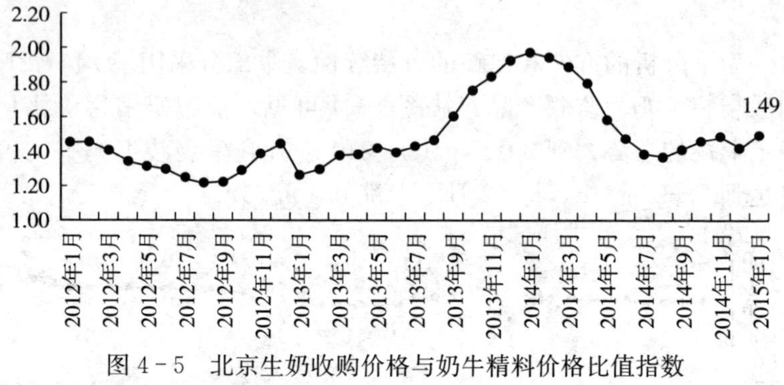

图 4－5　北京生奶收购价格与奶牛精料价格比值指数

（二）北京液态奶销售价格与生鲜乳收购价格比值指数

根据国际同类产品销售价格与收购价格的比值，牛奶销售价格与生鲜奶收购价格比值指数为 2.0～2.2 的区间比较合理。自 2011 年 1 月以来，除了 2013 年 10 月至 2014 年 3 月该指数为 2.0 红色警戒线以下外，其余月份均为 2.2 以上，最高处达到 2.82，目前面临奶业寒冬，2014 年 12 月，该指数达到 2.69，2015 年 1 月，该指数略有下降，达到 2.48，比上月下降 0.21（图 4－6）。

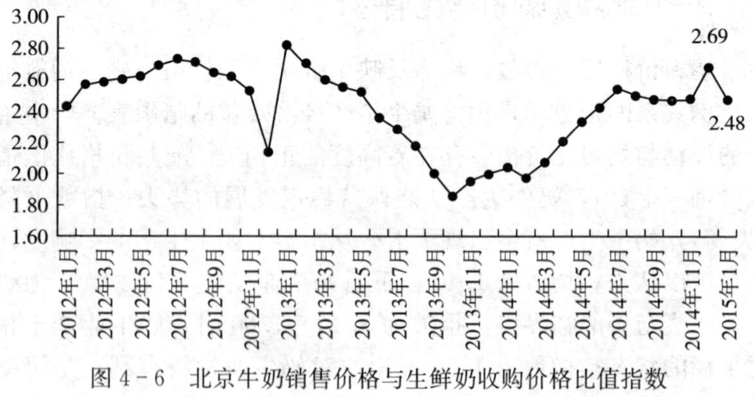

图 4－6　北京牛奶销售价格与生鲜奶收购价格比值指数

五、乳制品进口情况监测

（一）乳制品进口的总体态势

2014 年 1～12 月，全国乳制品总生产量约为 2 651.81 万吨，同比下跌 1.23%。根据北京市奶牛产业创新团队经济岗位专家“中国奶牛产业损害预警平台”对我国乳制品进口的监测结果可知，2014 年全年，我国乳制品进口 181.25 万吨，其中液态奶进口 32.89 万吨，奶粉进口 92.34 万吨，液态奶与奶粉进口量占到了 69.09%；其次为乳清、乳酪等乳脂品的进口。

（二）乳制品进口量及进口单价变动情况

从图 4－7 可见，2014 年 1～12 月，液态奶进口 32.89 万吨，进口额为 44 474.70 万美元，进口数量呈现先上升后下降趋势，进口价格相对 1 月下降了 17.91%，液态奶进口价格整体处于下降趋势。

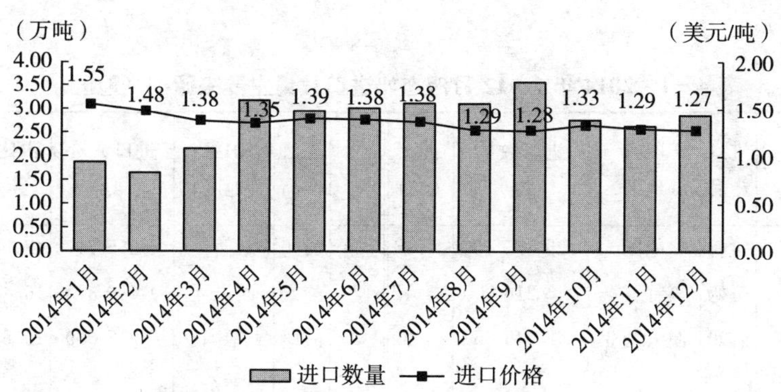

图 4－7　2014 年 1～12 月我国液态奶进口数量、进口价格变化图

图 4－8 可见，2014 年 1～12 月，我国奶粉进口 92.34 万吨，进口量逐月增加，进口价格逐月下降，12 月，奶粉进口价格降

为 3.19 元/千克。

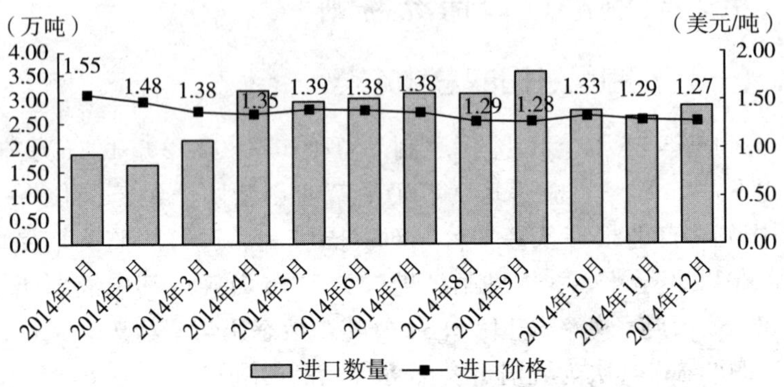

图 4-8　2014 年 1～12 月我国奶粉进口数量、进口价格变化图

（三）乳制品进口主要来源国（地区）情况

2014 年 1～12 月，我国鲜奶、酸奶进口主要来源情况如下，鲜奶主要来源于德国、新西兰、澳大利亚和法国，共占 78.68%；酸奶主要来源于新西兰、西班牙及德国，占比 75.93%。具体见表 4-1。

表 4-1　2014 年 1～12 月液态奶进口数量主要来源国（地区）

序号	进口产品	国家（地区）	进口数量（kg）	占比（%）	序号	进口产品	国家（地区）	进口数量（kg）	占比（%）
1	鲜奶	德国	125 655 405	39.24	1	酸奶	新西兰	4 265 710	48.98
2	鲜奶	新西兰	45 216 700	14.12	2	酸奶	西班牙	1 429 375	16.41
3	鲜奶	澳大利亚	42 545 652	13.29	3	酸奶	德国	918 089	10.54
4	鲜奶	法国	38 518 523	12.03	4	酸奶	台澎金马关税区	561 527	6.45
5	鲜奶	乌拉圭	11 052 216	3.45	5	酸奶	澳大利亚	456 366	5.24
6	鲜奶	英国	9 097 305	2.84	6	酸奶	瑞士	373 096	4.28

（续）

序号	进口产品	国家（地区）	进口数量（kg）	占比（%）	序号	进口产品	国家（地区）	进口数量（kg）	占比（%）
7	鲜奶	比利时	8 099 897	2.53	7	酸奶	美国	353 072	4.05
8	鲜奶	韩国	7 727 549	2.41	8	酸奶	法国	194 971	2.24
9	鲜奶	波兰	7 460 888	2.33	9	酸奶	波兰	69 104	0.79
10	鲜奶	美国	6 108 418	1.91	10	酸奶	韩国	53 232	0.61
11	鲜奶	意大利	4 851 622	1.52	11	酸奶	奥地利	16 116	0.19
12	鲜奶	西班牙	3 240 194	1.01	12	酸奶	希腊	15 562	0.18
13	鲜奶	荷兰	3 216 091	1	13	酸奶	比利时	1 800	0.02
14	鲜奶	瑞士	2 115 785	0.66	14	酸奶	爱尔兰	1 140	0.01
15	鲜奶	奥地利	1 308 465	0.41	15	酸奶	意大利	774	0.01
16	鲜奶	丹麦	1 278 672	0.4	16	酸奶	荷兰	31	0
17	鲜奶	智利	861 210	0.27	17	酸奶	—	—	—
18	鲜奶	加拿大	718 176	0.22	18	酸奶	—	—	—
19	鲜奶	哥斯达黎加	562 246	0.18	19	酸奶	—	—	—
20	鲜奶	爱尔兰	197 201	0.06	20	酸奶	—	—	—
合计			319 832 215	99.88	合计			8 709 965	100

2014 年，我国奶粉主要进口来源地集中在新西兰、美国、欧盟。新西兰进口奶粉量全年占到了 78.86%，属于进口地集中。具体见表 4－2。

表 4－2　2014 年我国奶粉进口来源地前 10 国家

序号	国家	2014 年进口量（吨）	占比（%）
1	新西兰	728 122.51	78.86
2	美国	49 846.85	5.40
3	澳大利亚	32 994.33	3.57

（续）

序号	国家	2014 年进口量（吨）	占比（%）
4	法国	17 972.06	1.95
5	德国	17 396.86	1.88
6	乌拉圭	12 800.00	1.39
7	阿根廷	12 589.20	1.36
8	波兰	8 307	0.9
9	丹麦	7 652.30	0.83
10	爱尔兰	7 211.68	0.78

（四）乳制品进口地区情况

2014 年 1～12 月，我国液态奶、奶粉进口地区仍较为集中，主要集中在上海、北京、广东等乳制品产量较低的地区，如表 4－3所示。北京市进口液态奶 53 522.29 吨，其中，鲜奶进口占 98.33%，安徽省、福建省、湖北省等 7 个省（自治区）未进口酸奶（表 4－3）。

表 4－3　2014 年 1～12 月我国液态奶进口地区分布情况

序　号	进口地区	液态奶进口量（吨）	占总进口量比重（%）	鲜奶进口量（吨）	占液态奶进口量比重（%）
1	上海市	187 473.05	57.00	184 219.99	98.26
2	北京市	53 522.29	16.27	52 629.02	98.33
3	广东省	38 595.33	11.73	35 029.36	90.76
4	浙江省	12 457.32	3.79	12 117.32	97.27
5	天津市	12 088.56	3.68	11 673.33	96.57
6	山东省	11 000.10	3.34	10 872.63	98.84
7	江苏省	4 568.58	1.39	4 513.21	98.79
8	辽宁省	3 586.46	1.09	3 551.36	99.02
9	福建省	2 091.95	0.64	2 091.95	100.00

（续）

序　号	进口地区	液态奶进口量（吨）	占总进口量比重（%）	鲜奶进口量（吨）	占液态奶进口量比重（%）
10	安徽省	1 733.11	0.53	1 733.11	100.00
11	湖北省	816.88	0.25	816.88	100.00
12	河南省	331.19	0.10	331.17	99.99
13	四川省	213.79	0.07	213.79	100.00
14	河北省	181.36	0.06	176.01	97.05
15	湖南省	162.00	0.05	162.00	100.00
16	陕西省	50.54	0.02	50.54	100.00
17	吉林省	23.01	0.01	23.01	100.00
18	重庆市	1.50	0.00	1.49	99.33

我国奶粉进口地区主要集中在天津、广东、上海、浙江等地区。2014 年 1～12 月，北京市进口奶粉 24 465.17 吨，占到了总进口量的 2.65%（表 4-4）。

表 4-4　2014 年 1～12 月我国奶粉主要进口地区情况

进口地区	2014 年总进口量（吨）	占比（%）	进口地区	12 月进口量（吨）	占比（%）
合　计	923 356.95		合　计	39 324.58	
天津市	309 186.90	33.49	广东省	7 704.37	19.59
广东省	165 869.83	17.96	辽宁省	7 484.13	19.03
上海市	136 792.73	14.81	天津市	6 159.10	15.66
浙江省	119 794.14	12.97	上海市	4 680.49	11.90
内蒙古自治区	58 536.03	6.34	浙江省	3 776.62	9.60
江苏省	28 373.45	3.07	江苏省	3 373.08	8.58
山东省	27 798.19	3.01	内蒙古自治区	2 139.28	5.44

（续）

进口地区	2014 年总进口量（吨）	占比（%）	进口地区	12 月进口量（吨）	占比（%）
北京市	24 465.17	2.65	山东省	1 695.55	4.31
辽宁省	16 116.36	1.75	北京市	1 210.40	3.08
福建省	11 183.38	1.21	黑龙江省	401.60	1.02
河北省	8 427.53	0.91	福建省	324.90	0.83
黑龙江省	5 779.55	0.63	河北省	169.93	0.43
安徽省	5 544.43	0.60	安徽省	103.95	0.26
湖北省	3 151.85	0.34	江西省	100.80	0.26
湖南省	908.31	0.10	重庆市	0.24	0.00
江西省	889.83	0.10	河南省	0.15	0.00
吉林省	405.60	0.04	海南省	0.01	0.00
四川省	55.50	0.01	湖北省	0.00	0.00

六、液态奶价格国际传导机制研究

在农产品价格波动国际传导路径研究方面，近年来，许多学者做了研究。方晨靓、顾国达（2012）指出传统价格传导是农产品价格波动的国际传导是一个“空间价格传导”与“垂直价格传导”相叠加的过程。当价格波动在穿越司法管辖边界时，其存在形式是“空间价格传导”，当这种波动进入到国内市场以后，就通过“垂直价格传导”方式影响国内物价水平。卢锋（2000）发现中国棉花国际贸易具有极为反常的“贱卖贵买”特征；谭砚文（2005）指出我国棉花贸易具有奇怪的单向“大国效应”，众多学者如辛贤、谭向勇（2000）、王利荣（2009）等研究了我国加入WTO后国内棉花价格与国际棉花价格之间的动态关系，研究表明，国内棉花价格与国际棉花价格之间具有长期均衡的关系，国际棉花价格波动对国内棉花价格有较强的冲击，国内棉花价格对国际市场影响较小。关于非对称价格传导理论及方法研究，也有不少学者做了相关研究，国内外学者们经过研究发现，农产品供应链普遍存在非对称性价格传导现象。胡华平（2010）等认为农产品领域的垂直价格冲击主要是单向的。但王思舒（2010）等的研究发现中国猪肉批发—零售价格传导的非对称性具有双向特征。王彬等（2010）采用向量自回归和多元 GARCH－BEKK 模型对通货膨胀与国际石油价格之间的均值溢出与波动溢出效应进行了检验，并进一步研究了中美两国通货膨胀与国际石油价格变化之间的动态相关关系，考察了其相关性的时变特征。

国内学者的研究相对落后，非对称性研究主要还是集中在金融领域，对于国际农产品价格波动对于国内农产品价格的非对称传导效应研究尚处于起步阶段。本研究将尝试采用 GARCH 模型探索研究乳制品的国际、国内的非对称传导路径。

（一）液态奶进口价格波动特征

2010 年以来，我国进口乳制品价格存在不同程度的波动。以液态奶[①]为例，2010 年价格为 11 元/千克，到 10 月价格达到 15.54 元/千克；2011 年 3 月，进口乳制品价格下降到 7.87 元/千克，同年 8 月进口液态奶价格又涨到 9.67 元/千克，同年 12 月，价格又下滑到 6.18 元/千克；2012 年，价格开始回升，最高达到了 10.41 元/千克；在出现了小幅度波动后，2013 年 10 月，进口液态奶价格又出现新一轮上涨，达到 10.64 元/千克，2014 年价格又出现了小幅度波动（图 4－9）。

1. 液态奶进口价格波动的季节因素分析　图 4－10 为液态奶进口价格进行的 X_{12} 季节调整，得到的季节因子指数。从图

① 液态奶：海关数据对应编码为 HS0401，HS0403。

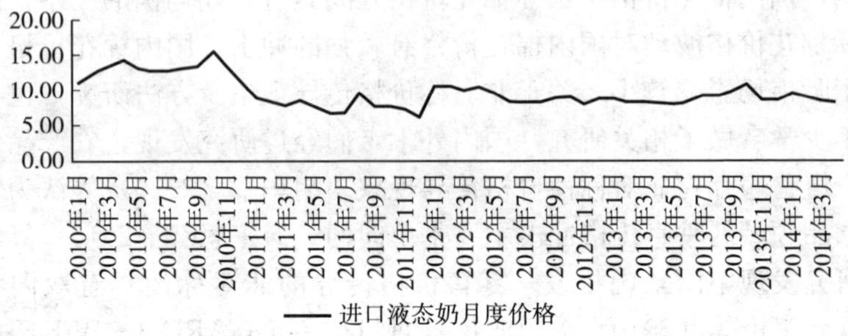

图 4－9　进口液态奶月度价格（2010 年 1 月至 2014 年 4 月）

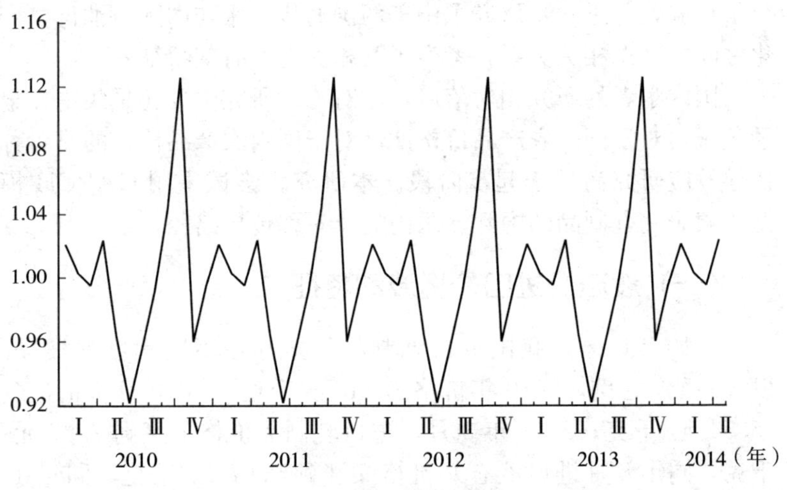

图 4－10　液态奶进口价格季节因子指数

4－10可以看出，我国液态奶进口价格季节因子波动较为平稳，每年第二季度 6 月液态奶进口价格达到全年最低点，在第三季度末每年 9 月，液态奶进口价格最高，在第一年 11 月至第二年 6 月期间，出现了小幅度的震动，6 月后大幅度回升到 9 月，完成一个为期 12 月的波动，经历“9 月（峰）～11 月（小谷）～1 月（小峰）～3 月（小谷）～4 月（小峰）～6 月（谷）～9 月（峰）”的季节波动周期。目前，我国液态奶进口价格已经基本完成上升通道，进入下降阶段。

通过对我国液态奶进口价格的长期趋势、季节因素的分析，我国液态奶过去 4 年的进口价格整体呈现下降趋势，价格波动过程中不仅受季节因素的影响，而且还存在许多不规则因素的影响。

2. 液态奶进口价格的长期趋势分析　为了量化的获得液态奶进口价格的价格波动周期，本文在 X_{12} 季节调整的基础上进行 HP 滤波分析，将其趋势成分（Trend）和周期成分（Cycle）进行分离。从分离后结果可以看出，我国液态奶进口价格整体呈现出下降趋势，在液态奶进口价格长期趋势中，出现 4 个明显的峰谷，2010 年 10 月的进口价格为 15.54 元/千克，2011 年 12 月价格为 6.18 元/千克，2012 年 1 月进口价格为 10.41 元/千克，2013 年 12 月进口价格为 8.71 元/千克（图 4－11）。

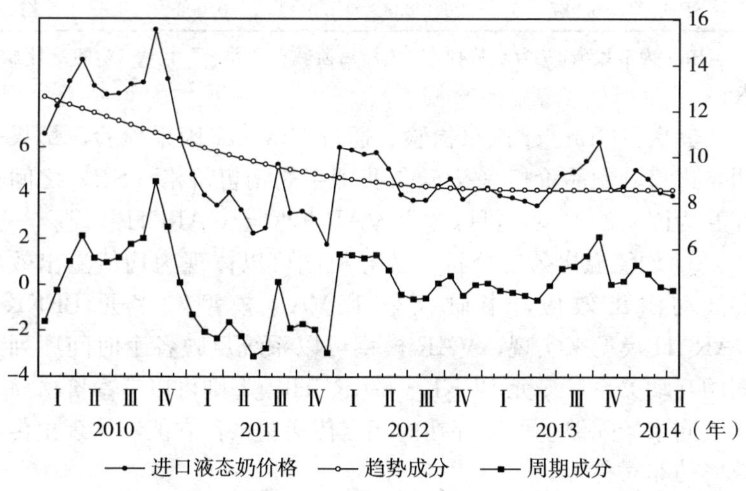

图 4－11　进口液态奶价格波动分析（H－P 滤波法，λ＝6.25）

（二）液态奶进口价格国际传导机制研究

1. 指标选择说明　本研究选择 2010 年 1 月至 2014 年 4 月，

共计 52 个月的月度数据，包括液态奶进口价格（以下简称 *JP*），我国鲜牛奶销售平均价格（*SP*）。数据来源于中国海关信息网与中国价格信息网。

2. 变量的平稳性检验 为了判定变量间的因果关系，首先必须检验变量的平稳性。

首先，分析变量的水平序列的平稳性。从 ADF 检验结果可以看出（表 4-5），在 1%显著水平下，拒绝存在单位根的非平稳变量的原假设，认为各个变量的水平序列是平稳序列。

表 4-5 单位根检验结果

变 量	ADF 统计值	*t* 统计量	（*c*，*t*，*k*）	显著性	结 论
JP	−7.318 620	−2.612 033	（0，0，1）	0.000***	平 稳
SP	−6.487 289	−2.612 033	（0，0，1）	0.000***	平 稳

注：*c* 为常数项，*t* 为趋势项，*k* 为滞后阶数；“***”代表 1%的统计显著水平。

其次，Granger 因果检验。通过 Granger 因果检验，结果表明，进口乳制品价格（*JP*）与我国牛奶销售价格（*SP*）之间存在互为因果的关系，可以建立 VAR 模型与 GARCH 模型。

3. 均值溢出效应分析 传导机制可以体现为均值溢出效应和波动溢出效应，本研究采用 VAR 模型和多元 BEKK-GARCH 模型来实现，VAR 模型可以系统反映各个时间序列之间的互动关系，多元 BEKK-GARCH 模型则可以考察价格序列在不同市场间波动可能存在的相互传递关系，它能够体现出传导效应的非对称性。

（1）建立 VAR 模型。为研究进口乳制品价格与国内相对应的乳制品价格之间的传导关系，建立 *JP*、*SP* 的 VAR 模型，并对模型进行系统平稳性检验。经过检验，两者之间无特征根在圆外，系统是平稳的（图 4-12）。

（2）脉冲响应函数分析。脉冲响应函数是每个内生变量的变

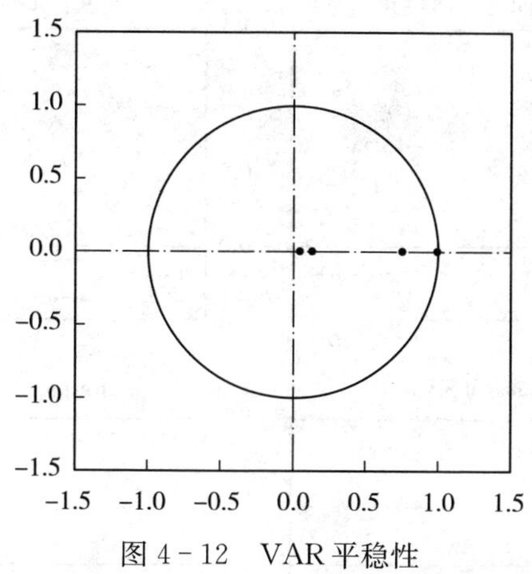

图 4－12　VAR 平稳性

动或冲击对它自己及所有其他内生变量产生影响作用，刻画了误差变化大小的反应。给定 1%的价格冲击，考察某一价格对于另一价格冲击的反应路径。

从图 4－13 显示，进口液态奶价格对其自身的一个标准差随机扰动（也称新息）立刻有较强的反应，价格上涨了约 1.5，随后 10 年正向影响逐步回调，到第十年，仍未消失；它对 SP 的影响较对自身的影响要弱，滞后期为 1 年，且为负向影响，10 年间负向影响逐步加大。反之，SP 对 JP 的影响较大，在第一年价格上涨了约 0.6，随后 5 年正影响逐渐回调，而后趋于零，第五年起负向影响逐步加大，但影响不强烈；但对自身的影响并不强烈，上涨约 1.3，之后 10 年一直存在。

由图 4－13 可知，进口乳制品价格对我国牛奶销售价格传导顺畅，但存在 1 年的滞后期。

（3）贡献度分析。方差分解能够给出随机信息的相对重要性信息。为考察影响进口乳制品价格和我国液态奶销售价格波动的因素，本研究采用方差分解（表 4－6）。

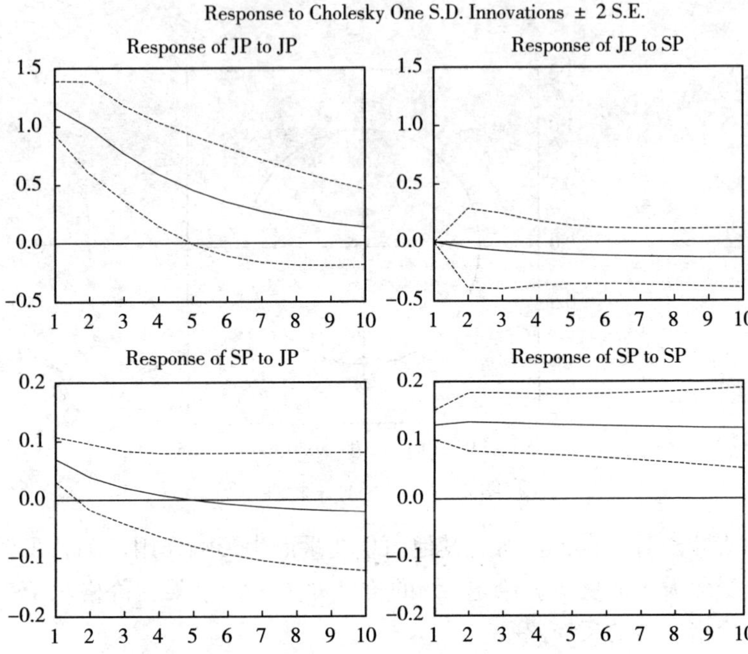

图 4－13　*JP* 和 *SP* 的脉冲响应函数

表 4－6　*JP* 和 *SP* 进行方差分解结果

预测期	*JP* 的方差分解		预测期	*SP* 的方差分解	
	JP	*SP*		*JP*	*SP*
1	100.00	0.00	1	23.14	76.86
2	99.9	0.10	2	15.93	84.07
3	99.73	0.27	3	11.83	88.17
4	99.49	0.51	4	9.27	90.73
5	99.20	0.80	5	7.61	92.39
6	98.85	1.15	6	6.53	93.47
7	98.47	1.53	7	5.82	94.18
8	98.06	1.94	8	5.36	94.64
9	97.62	2.38	9	5.07	94.93
10	97.18	2.82	10	4.88	95.12

①JP 价格的方差分解结论。从市场价格传递链的影响力的构成看，随着预测期的增加，JP 对其自身价格变动的影响逐步减弱；对 SP 的影响逐步增大，且存在 1 期之后，当预测期为 1 期时，JP 的波动 100%来源于其自身；SP 在第六期基本稳定，对其自身影响较大，占到了 98%左右，对 SP 的影响只占到 2%左右。

②SP 价格的方差分解结论。从市场价格传递链的影响力的构成看，随着预测期的增加，SP 对自身的影响缓慢增强，对 JP 的影响缓慢减弱，到第七期基本达到稳定，对 JP 的影响占到了 6%左右，对 SP 的影响占到了 94%左右。

总之，通过脉冲响应函数和方差分解结果显示，进口液态奶价格对我国牛奶销售价格的传导存在 1 期滞后，且进口液态奶价格对我国牛奶销售价格的影响越来越大，但效果却微乎其微；我国牛奶销售价格对进口液态奶价格的影响逐渐减少，效果较为显著。

4. 波动溢出效应分析

（1）二元 BEKK－GARCH 模型的建立。本研究在原有数据的基础上剔除了季节因素和随机不规则因素等，选择二元 BEKK－GARCH模型来对液态奶进口价格、我国牛奶销售价格间的波动溢出效应进行分析，首先设定条件均值方程以过滤到因变量和自变量的滞后项解释的部分，该过程实际可以由一个二元 VAR 模型描述。假定价格序列数据的变化率分别表示为 $P_{1,t}$ 和 $P_{2,t}$，则均值方程如下：

$$P_{1,t} = u_1 + \sum_{i=1}^{m_1} \alpha_{1t} P_{1,t|i} + \sum_{j=1}^{n_1} \beta_{1t} P_{2,t|j} + \varepsilon_{1,t}$$

$$P_{2,t} = u_2 + \sum_{i=1}^{m_2} \alpha_{2t} P_{2,t|i} + \sum_{j=1}^{n_2} \beta_{2t} P_{1,t|j} + \varepsilon_{2,t}$$

其中，$\varepsilon_{1,t}$，$\varepsilon_{2,t}$ 为均值方程的残差序列，m 和 n 为滞后阶数，H_t 是条件协方差矩阵，$\eta_{1,t}$ 和 $\eta_{2,t}$ 是白噪音。

在均值方程的基础上，波动方程描述如下：

$$H_t = C'C + \Gamma'\varepsilon'_{t-1}\varepsilon_{t-1}\Gamma + \psi' H_{t-1}\psi$$

该方程中的系数矩阵具体形式如下：

$$C = \begin{pmatrix} C_{11} & 0 \\ C_{21} & C_{22} \end{pmatrix} \quad \Gamma = \begin{pmatrix} \gamma_{11} & \gamma_{12} \\ \gamma_{21} & \gamma_{22} \end{pmatrix} \quad \psi = \begin{pmatrix} \psi_{11} & \psi_{12} \\ \psi_{21} & \psi_{22} \end{pmatrix}$$

（2）二元 BEKK－GARCH 模型估计分析。运用 s－plus8.0 软件对样本的 BEKK－GARCH 模型进行参数估计，并对估计结果做检验，结果如表 4－7。

表 4－7 二元 BEKK－GARCH 模型的估计结果

系数	估计值	标准差	t 统计值	P 值
Mean（1）	9.241 525	0.766 11	12.062 963	8.882e－016
Mean（2）	4.036 082	0.149 49	26.998 982	0.000e＋000
C_{11}	0.020 562	2.312 05	0.008 894	9.929e－001
C_{12}	0.192 625	25.160 26	0.007 656	9.939e－001
C_{22}	0.260 725	18.640 48	0.013 987	9.889e－001
a_{11}	0.464 955	0.222 76	2.087 286	4.243e－002
a_{12}	0.018 776	0.095 99	0.195 595	8.458e－001
a_{21}	−0.165 551	0.235 45	−0.703 134	4.855e－001
a_{22}	0.736 692	0.480 48	1.533 234	1.321e－001
b_{11}	0.786 275	0.125 05	6.287 459	1.072e－007
b_{12}	0.001 834	0.110 61	0.016 585	9.868e－001
b_{21}	0.187 931	0.540 36	0.347 789	7.296e－001
b_{22}	0.357 134	0.561 86	0.635 627	5.282e－001
Log likelihood		−123.013 4		

表 4-8　波动溢出效应的假设检验

波动溢出的假设检验	对数似然值	LR 统计量	结　论
不存在液态奶进口价格与牛奶销售价格的溢出 H_0：$a_{12}=b_{12}=0$，$a_{21}=b_{21}=0$	−123.013 4	−6.277 83 [0.83]	接　受
不存在液态奶进口价格与牛奶销售价格的溢出 H_0：$a_{12}=b_{12}=0$	−123.013 4	−6.226 52 [0.41]	接　受
不存在液态奶进口价格与牛奶销售价格的溢出 H_0：$a_{21}=b_{21}=0$	−123.013 4	−6.212 48 [0.96]	接　受

从表 4-8 可知，对于样本数据来说，a_{11}，b_{11} 的估计值在 1%的水平下是显著的，特别是表示 GARCH 效应的估计系数 b_{11} 的值特别显著，可知进口价格波动比较持久；而表示我国牛奶销售价格 ARCH 效应的 a_{22} 并不显著，表明方差时变特性不明显。系数 a_{12} 的估计值为 0.018 776，在 1%的水平下不显著，b_{12} 的系数估计值为 0.001 834，不显著，说明液态奶进口价格与我国牛奶销售价格之间无波动溢出存在。系数 a_{21}，b_{21} 的估计值不显著，说明我国液态奶进口价格与我国牛奶销售价格之间不存在波动溢出效应。

（三）结论及对策建议

1. 研究主要结论　本研究使用 VAR 模型，二元 BEKK-GARCH 模型，不仅分析了液态奶进口价格传导过程中的均值溢出效应，还分析了两者之间的波动溢出效应，主要得出以下结论：

（1）液态奶进口价格受季节因素影响较大。由前文可知，我国液态奶进口价格经历了经历“9 月（峰）～11 月（小谷）～1 月（小峰）～3 月（小谷）～4 月（小峰）～6 月（谷）～9 月（峰）”的季节波动周期，而生鲜乳生产的季节性差异是造成我国液态奶进口价格波动的主要原因，我国生鲜乳生产高峰期，我国市场上液态奶产量较大，液态奶进口量相对较少。相反，在产量低谷，我国市场上产量较少。为满足我国乳制品消费者的需求，需大量进口液态奶，从而影响液态奶进口价格，就我国目前趋势来看，液态奶进口价格处于下降趋势，久而久之，将对我国乳制品市场造成一定冲击。

（2）液态奶进口价格对我国销售价格传导存在1年滞后期。通过研究液态奶进口价格与我国牛奶销售价格之间的均值溢出效应，可以发现，液态奶进口价格变化1%，我国牛奶销售价格将于第二年发生变化，存在1年滞后期，而我国牛奶销售价格对液态奶进口价格影响较大，且在第一年就发生了变化，通过贡献度分析，虽然进口液态奶价格对我国牛奶销售价格的影响较为小，但影响程度越来越大；我国牛奶销售价格对进口液态奶价格的影响逐渐减少，效果较为显著。由此可见，液态奶进口价格对我国牛奶销售价格影响将持续加大，而我国牛奶销售价格对液态奶进口价格将逐步减弱，应引起关注。

（3）液态奶进口价格与我国牛奶销售价格之间不存在波动溢出效应。2013年我国进口乳制品总量159.21万吨，其中进口液态奶（包括鲜奶和酸奶）共19.48万吨，仅占12.05%，液态奶进口量较小，就目前情况，未对我国牛奶销售价格造成很大影响，二者之间也不存在波动溢出效应。

2. 对策建议 受我国奶牛产业发展的限制，我国进口乳制品的数量逐步加大，液态奶也不例外，对乳制品进口价格国际传导机制的研究有着至关重要的意义，可以预见，随着我国经济对外开放的进一步深入，市场经济的不断完善，进口对我国奶业市场的影响将越来越清晰。在今后的发展中，我国应完善乳制品价格调控机制，可从以下几个方面入手。

（1）加强对我国乳制品及进口乳制品价格的监控。乳制品价格波动在一定程度上能反映出我国奶牛产业的现状及可能存在的问题，加强对我国乳制品及进口乳制品价格的监控，可有效防止我国奶牛产业市场失灵。

（2）全面推动养殖规模规模化和标准化。乳制品进口很大的原因是我国奶牛产业发展存在着各式各样的问题奶牛产奶量、奶牛养殖规模化、标准化程度不够，都影响我国乳制品产量，生产高质量、安全、放心的乳制品，加强乳制品消费者对我国奶业的信心。

（3）建立奶牛产业安全预警机制。不论是从进口贸易安全，还是从质量安全，我国奶牛产业在增加质量标准的基础上，还应建立相关预警机制，设定牛奶销售价格的最低保护价，应对突发事件对我国奶牛产业带来的危害。

第五章　北京居民国内外乳制品消费行为研究

近年来，轰动奶业的奶粉危机事件带来的后续影响以及新自贸协定的实施，造成了我国乳制品国际贸易格局发生了很大的变化，尤其在奶粉方面进口剧增而出口却受到严重阻碍，这对我国奶业的建设、发展以及占据消费市场的份额造成了一定的影响。

进口奶源的不断冲击，会直接减少企业对我国本地原料奶的需求，带来的损失或将由奶农全部承担，奶农养殖亏损的压力加大，养殖成本不断升高，这将会迫使更多的散养户退出奶牛饲养；另外，国内的乳制品市场份额占有率低，出现了积压和囤货的现象，受进口乳制品企业的冲击，使得我国国内乳制品加工企业的利润明显下降。外来乳制品大量进入中国市场，而国内乳制品市场份额急剧减少，这种不平衡的市场现象不利于我国奶业的健康发展，国内乳品企业亟须进行品牌建设，稳固消费者的品牌信心。

2013 年全国的奶业发展形势总体比较平稳，原料奶产量 3 531万吨，乳制品总产量 2 698.03 万吨，同比增长 5.15%。从乳制品消费来看，虽然城镇居民人均年乳制品消费支出较 2011 年有小幅增加，人均年鲜奶购买量从 13.7 千克增加至 13.95 千克，但酸奶和奶粉的购买量却出现了下降的趋势；从乳制品进口来看，消费者对国内乳制品信任度下降为国外乳制品带来了冲击国内市场的机会，2013 年我国乳制品进口总量 159.21 万吨，其中，液态奶 19.48 万吨，占进口总量的 12.24%；奶粉 85.44 万吨，占到了乳制品的进口总量 54%。2014 年 1～7 月奶粉进口量达到了 74.41 万吨，进口均价为 5 009.96 美元/吨，比 2013 年同期上涨了40.07%；从乳品行业来看，2013年全国液体乳及乳制品企业由649家增加到658家，亏损企业数量由114家减少到91家，企业的利润增长空间出现小幅度好转。虽然“三聚氰胺事件”已经过去了好久，但是带来的后续影响却不可小觑。它不仅使得三鹿集团付出了惨重的代价，还使得其他的乳品企业陷入信任缺乏的泥潭。需求拉动消费，如果一个国家的国内需求都带动不了本国企业的发展，怎么去谈占有他国的市场份额。从我国居民的生活习惯上来看，乳制品的消费意识并不如发达国家强烈，这就需要国内乳品企业去刺激，激发消费者对品牌的认知，通过品牌形象的塑造过程建立消费者对品牌的信任，带动消费者的购买来形成对品牌的忠诚。

本章将以国内外品牌在北京市乳制品市场现状为分析对象，采取分层抽样，问卷调查的方式，获取北京市9个区（县）消费者的乳品消费信息，同时利用SPSS和AMOS软件构建结构方程模型，分析影响消费者认知与消费国内外品牌的因素及各因素影响程度，并从中分离出进口乳品品牌的消费者择定模式，从而为我国乳品企业的健康发展提供理论和实证依据。

一、相关研究概念和理论基础

（一）品牌忠诚理论

随着多种多样的进口产品冲击市场，企业竞争由产品竞争转向为品牌的竞争，一个品牌包含着一个企业的文化、核心价值观、终极目标等各个方面的信息，它逐渐成为企业参与市场竞争的必不可少的手段。经营者应熟悉品牌与消费者的关系，抓住影响品牌忠诚的主要因素，在消费群体中建立品牌忠诚，占据有利的市场份额。

1. 品牌的概念 品牌英文“brand”，这一词源于古挪威语的“brandr”，意思是在牛马身上打上烙印，用来区别每个人的所属物。品牌正是沿用了这样的含义，不同的企业价值观赋予了企业的特性，成为市场经济中较为重要的竞争工具。关于品牌的概念至今未达成一定的共识，由于不同的社会背景，各界学者对品牌概念有着不同的理解。

将品牌视为一种符号是最原始和直接的含义，Philip Kotler（1991）将品牌定义为："品牌是一个名字、名词、符号或设计，或是它们的总和，其目的是使自己的产品或服务有助于其他竞争者。"这样的品牌以识别和区分的作用而突出，但却不能代表完整的品牌。有些学者将品牌看作是一种无形资产，它能给企业带来财富，A. L. 贝尔（1992）认为品牌是自身形象的象征，用来积累无形资产的形成。这种说法脱离了产品而注重品牌价值，强调了企业的获利能力。广告教父 David MacKenzie Ogilvy（1995）理解的品牌是生产、营销和时空的结合，它是综合了名称、包装、价格、广告等多方面的无形组合。这样的综合定义加入了时空的因素，将品牌放置在更为细致的社会环境中。

品牌的定义多种多样，重要的是要通过品牌的特性来界定什么才是品牌。简单来说，品牌就是消费者对产品和服务的认知程度，它作为一种媒介将企业的内部生产和外部环境联结起来，形成企业的知名度和形象，进而刺激消费群体与企业产品服务的互动过程产生，最终为企业带来价值。

2. 消费者品牌心理过程

（1）消费者和品牌的关系。消费者作为市场经济活动的角色，占据重要的地位。消费群体很大程度上影响了产品的质量和市场份额的多少，直接决定企业的盈利空间。有些人将品牌片面理解为企业自身形象的塑造，却忽略了品牌与消费者的关系。

消费者为品牌提供了核心参考标准，如果消费者对某种产品的认知、情感与购买行为都是正面和积极地，品牌就会转变成为一种无形资产，体现出它对企业的价值，但如果消费者对于产品的各个方面都是反感并抵触的，那品牌就面临着危机。市场资源的有效配置与市场信息的对称，是每个经营者所期望达到的目标，这种沟通需要品牌搭建桥梁，通过品牌形象的展示，企业将产品的信息告知消费者，消费者通过这种渠道获取该产品的知识信息，作为购买行为的依据。品牌的出现为消费者提供了现代化的生活方式，通过品牌信誉，减少了消费者购买风险，简化了购买决策的过程。建立和加强品牌与消费者的关系，树立品牌忠诚，成为每个经营者提高企业价值的关键。

（2）消费者品牌心理过程。消费者品牌心理过程一般来说分为 3 个阶段：品牌认知、验析和决策（图 5－1）。

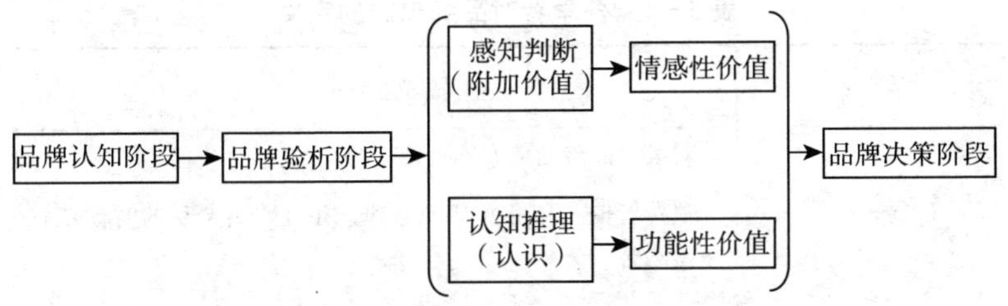

图 5－1　消费者品牌心理过程图

对某个品牌的接触都是从认知开始，消费者通过这一阶段得知产品品牌的各种属性和信息，通过品牌的名称、标识、广告和包装来作为区分同类产品的手段。对产品直观形象的了解被认为是浅层次的认知，这一程度的认知主要以视觉为主；通过记忆、联想和想象等多种心理活动形成的认知被称为深层次的认知。通过认知阶段，消费者获得较为深刻的品牌印象，紧接着进入分析产品和服务是否符合自己需要的体验分析阶段。品牌对消费者的作用主要体现在实用性和情感满足性两个方面，由于消费者的购买动机不是单一的，这就需要经营者挖掘消费者购买动机，了解消费者购买行为，达到借助动机刺激消费者购买本品牌的目的。在经历了上面两个阶段之后，消费观念已经由感性认识上升为理性认识，这个观念将指导消费者实施购买行为。

3. 消费者品牌忠诚过程

（1）品牌忠诚的定义。品牌忠诚（brand loyalty）从20世纪60年代开始逐渐成为消费者行为研究领域的热点，建立品牌忠诚是企业获得持续性竞争的重要策略，随着同类产品的不断出现，建立属于自己的品牌忠诚显得尤为重要。一直以来，国内外学者根据自己的理解对品牌忠诚进行了定义，虽然各不相同，但都涵盖了品牌忠诚的关键点，即频繁地购买率和固定的品牌选择。消费者品牌忠诚不仅表现在持续购买某个品牌，还表现在对这个品牌情感上的依赖（表5-1）。

表5-1　各学者对品牌忠诚的定义

学　者	品牌忠诚定义
Aaker	对某个品牌的依恋感是持续的
Brown	消费者偏向和喜爱某个品牌，并且购买产品的时候依赖于该品牌
Day	真正的忠诚包括顾客反复的购买这个品牌行为和对它的态度良好
Dick and Basu	由顾客的持续对该品牌的购买率与对该品牌的相对态度一起决定
Grover and Srinivasan	消费者频繁选择自己中意的品牌的行为
Keller	在同类产品中，消费者偏好购买某一品牌
Oliver	不论周围情况如何变化，都不会改变对偏爱的产品或服务购买行为

（2）影响品牌忠诚的因素。市场经济的发展繁荣，吸引了更多经营者的进入，竞争品牌也日趋多样化，对于消费者来说，增加了选择的空间，但对于企业来说，市场竞争的压力越来越大。在这样的背景下更需要消费者对品牌建立忠诚度，以确保产品的市场份额。品牌忠诚的形成受很多方面的因素影响，主要包括产

品质量、产品类别、广告形象、竞争对手和消费群体这五个方面。

①产品质量。一个品牌可以受到消费者的青睐，在很大程度上由长期稳定的产品质量而决定。具有可信度高、质量高的品牌比低质量品牌更容易建立消费者忠诚，为经营者带来可观的收入。

②产品类别。消费者的品牌忠诚依据不同产品的类别而不同，日常生活用品和奢侈品的消费体现出不同的消费者忠诚度。另外，每个消费者具有不同的个性，产品的特殊化可以满足不同消费者的需求，从而决定了品牌忠诚的不同。

③广告形象。广告是企业将品牌打入市场的有效宣传工具，如何巧妙地进行广告投入，以适当的成本回收更高的反应是每个经营者所必须了解的。建立长期稳定的广告传播，利用文字、图形和缤纷的色彩，可以帮助品牌带来立体的视觉效果，增强消费者的印象。

④竞争对手。在一些专家的研究中可以发现，当市场中存在同类产品多种品牌时，消费者忠诚于某个特定品牌的概率较小，而当市场中存在同类竞争品牌较少时，消费者忠诚于某个特定品牌的可能性会很大。

⑤消费群体。消费者的收入、年龄、性别以及受教育程度在某些程度上决定了消费者品牌忠诚的程度。收入越高的人群、受教育程度越低的人群具有较高的品牌忠诚度。这样，只有拥有稳定的消费群体，才能保证经营者拥有足够的市场份额。

（3）消费者品牌忠诚度分类。品牌忠诚是消费者对品牌的情感依恋程度，即当市场上出现同类产品的其他品牌，具有更好的质量和服务、更加便利的购物条件和更低廉的价格时，消费者都不会改变忠诚的品牌，仍会持续购买特定品牌的行为。但消费者对品牌情感上依存的恒久度、品牌消费和选择方式的差异，可以将消费者的品牌忠诚度由低到高分为图 5－2 的以下几个层级。其中，无品牌忠诚者是对所有品牌的认知不存在差异的消费群体，往往会不断的更改消费品牌，对价格的敏感度非常高；而习惯购买者并不是对这个品牌非常满意，大多数对品牌持有可有可无的态度，对某一个品牌没有什么不满意的地方，不会做出换品牌的行为。具体见图 5－2。

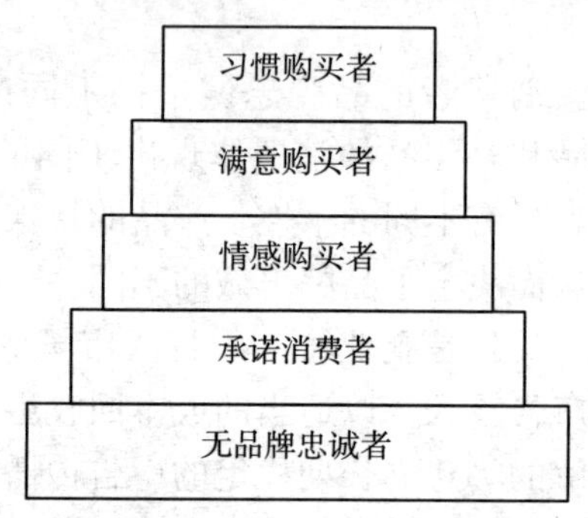

图 5－2　消费者品牌忠诚度不同层级划分图

（4）品牌忠诚的作用。品牌忠诚可以看作是一种企业的无形资产，品牌忠诚的顾客不仅可以帮助企业节省营销的成本，还可以帮助企业塑造口碑，吸引更多的消费者。市场营销学里讲过，维护客户关系需要花费一定的成本，在这个过程中，维护老客户的成本低于获得新顾客的成本。企业在做好一个品牌之后，发展空间的扩大需要通过品牌延伸来实现，企业在做品牌延伸时，忠诚的消费者在很大可能上也会购买延伸出来的新产品，相对来说，如果忠诚消费者越多，这个企业在做品牌延伸时成功率越高。总之，品牌忠诚的形成并不容易，但当这个忠诚一旦形成，将会给经营者带来有利的市场份额和可观的利润。因此，经营者要分析不同消费群体的不同需求，以消费者为核心确定企业的品牌，塑造品牌的威信。

（二）消费者行为理论

消费者行为研究是从经济学、社会心理学以及心理学等多方面的学科分离出来的独立学科。它不仅是经营者制定营销决策的基础，在提高营销水平、增强营销决策的有效性方面具有很重要的意义，同样可以帮助消费者做出更正确的购买决策，为消费者的权益保护和相关政策的制定提供依据。

1. 消费者行为的概念与含义　消费者行为是为满足消费者需求与欲望，而进行挑选、购买、使用或处置产品活动所涉及的过程。由此可见，消费者行为不仅仅只是消费者购买产品这一个方面，而是涵盖了很多消费活动，包括很多参与者的整体。

无论是购买乳制品、出国旅游或者是安排一次会议场所，这个决策过程不仅仅是购买者与经营者的参与，例如，奶粉的消费群体主要是婴幼儿或者老年人，但他们却不是消费过程的购买者，购买决定者往往是父母亲或子女，在这个过程中也可能有亲朋的参与。所以，企业制定营销策略，不能仅从使用者的需求出发，仍然更多关注影响者和决定者是如何影响购买行为的。

消费者可以通过购买、租赁、赠送、以物易物等多种方式获得服务或者产品。获得产品后的使用过程会对消费者的后续行为产生影响，譬如某品牌的酸奶质量出现问题，或口感并不是宣传达到的预期效果，消费者可能通过终止购买、负面口传甚至是投诉来做出消费反应，经营者要全面考虑整个消费过程，做好预防。

在消费者购买某种产品或服务时，涉及为什么购买、如何购买、在哪里购买、买多少等一系列决策。例如在国内外纯原料奶的消费上，有些人热衷于进口品牌，而另一些人忠实于国产品牌，之所以出现这样的情况，选择进口品牌的人群可能是为了更优质的口味或者仅仅是为了自身社会地位的体现，选择国产品牌的人群可能是怕陷入进口品牌了解的空洞。经营者对消费者购买行为背后原因的分析可以更好地帮助营销策略的制定。

消费者行为具有可引导性、复杂性和多样性。经营者怎样合理有效地利用消费者心理完善营销战略与策略成为一个重要的任务。

2. 消费者决策过程 消费者决策的过程有时复杂而有时则简单，霍德华从产品生命周期的角度将消费者决策分为扩展型、有限型和名义型 3 个类型，消费者购买介入程度由高到低，购后评价由复杂到非常有限。

扩展型决策是指当消费者对某种产品的品牌并不熟悉，也没有建立品牌评价标准时，消费者在购买的过程中要进行大量有关产品品牌的信息搜索，需要消费者介入程度比较高，此时品牌的差异程度比较大，通常需要花费较长的时间进行最终的购买决策。

有限型决策是在消费者对某种产品品牌有一定认知和了解程度的基础上，需要进一步搜集信息，在不同品牌之间做出选择的行为。

名义型决策区别于前两种的关键在于消费者本身并未涉及决策，通常被分为忠诚型和习惯型决策，既可以减少购买风险也可以简化决策的程序，企业需要足够重视这类人群的消费，其营销策略才能达到理想的结果。

问题认知、信息搜集、购前评价、购买以及购后行为这 5 个步骤构成了消费者决策过程。这 5 个步骤具有一定的时序性，但在现实的生活中，相互之间的顺序也会出现变化，这里对一般性步骤做一个简要的阐述。

（1）问题认知。消费者在购买过程中遇到的问题多种多样，从市场营销的角度来看，可以将消费者问题分为主动型与被动型两种。主动型问题指的是在正常的情况下消费者能意识到的问题。被动型问题是指消费者没有意识或者需要在他人的提醒下才可能意识到的问题。问题认知是指消费者意识到理想状态和实际状态存在差距，达到一定程度并足以激发消费者决策过程的结果，从而需要采取进一步的行动（图 5-3）。

（2）信息搜索。当消费者意识到某个需求问题的存在，就会

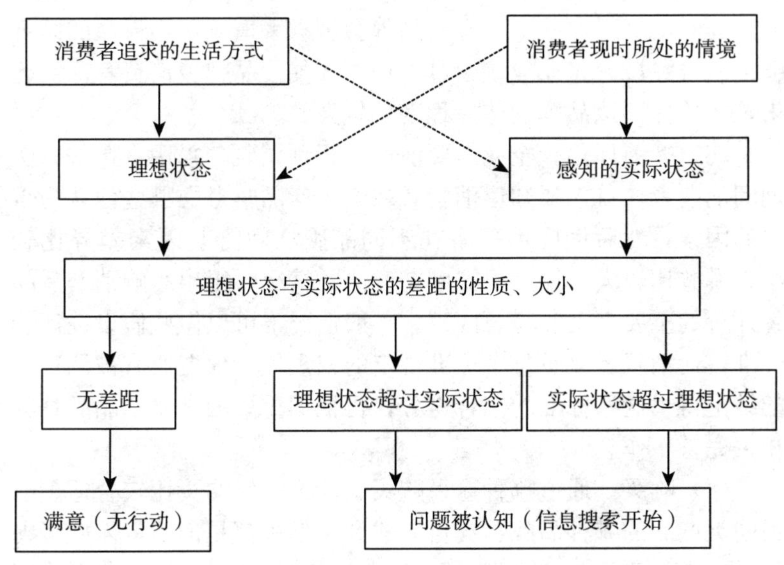

图 5－3　消费者问题认知过程图

资料来源：Hawkins D J，Best R J，Coney K A. Consumer Behavior：Building Marketing Strategy. McGraw－Hill，1998.

开始搜集有关信息，这些信息的来源可以分为内部来源和外部来源。内部信息即记忆来源，包括通过过去搜索和个人经验主动获取的信息，还有通过低介入度学习被动获取的信息；外部信息都是主动获取的，包括个人来源、经验来源、商业来源和大众来源。受亲朋好友的信息共享获得的信息为个人来源，利用大众媒体和政府机构的有关消息、报道获取的信息为大众来源，商业来源是指通过企业进行广告宣传、产品说明书等多种方式获得的。

在搜集信息的基础上，消费者对市场上的品牌具有一定的认知水平。即使你知道某类产品的很多品牌，但在特定的情境下，通过回忆只能记得少数的几个品牌，比如在购买纯原料奶时，可能只想起伊利、蒙牛或三元等几个品牌，这些品牌所处的意识区域成为激活域。那些不关心的品牌会进入懒惰域，不喜欢的品牌会进入排除域。企业应该通过多种方式促使品牌被消费者回忆起来，才能保证该品牌的选择程度比较高。

（3）购前评价。企业需要前期进行预调研，采用直接的方法询问消费者，首先要知道消费者在购买产品时考虑哪些他认为重要的因素，然后询问消费者在不同品牌之间哪些因素差异比较小、哪些比较大，最后根据前期调研的情况，得出影响消费者品牌评价的重要因素和显著因素。一般情况下可以做些假设性评价标准，让消费者赋予每个标准规定的权重值，根据所有被调查者的结论得出这些标准的综合得分，再根据重要因素做产品品牌的相关完善工作。

（4）购买。通过哪种途径购买、什么时候购买比较合适、购买同类产品的哪种品牌、支付方式利用哪种都是消费者需要考虑的。通常从购买的意向到实际购买行为的产生，有 3 个影响因素：一个是他人的态度，消费者的购买可能是在听取别人的意见或者很多人共同参与情况下进行的，如果某个人在这类产品或服务领域中具有丰富的经验，他的意见对消费者的购买行动起非常大的作用；第二个是购买风险，如果风险大，消费者的考虑就越多且购买行为谨慎；最后一个是意外情况的出现，这方面可以包括收入变化、工作变动或者身体不适等，当然也包括其他同类产品的促销、降价等情况。

（5）购后行为。消费者购买产品或服务后，可能会出现购买后冲突，一般出现在重要的购买决定上。使用产品过程中，消费者会对购买的产品或服务做出评价，如果产生的不放心或者不满意的情况，就是购买后冲突，会导致消费者抱怨并产生转换品牌等反应，如果使用过程非常满意，就会促使消费者重复购买和品牌忠诚的情况出现。企业要重视消费者不满情绪出现的原因，并做好售后服务工作，通过总结这些因素，改善产品或服务的不足之处；当消费者对产品形成品牌的忠诚时，更应该做好客户维护。

3. 消费者行为的影响因素　在消费者作出购买行为的整个过程中，有诸多的因素影响消费者的决策。影响因素可以分为主观因素（亦可称个体与心理因素）和客观因素（亦可称环境因素）两种类别。

（1）主观因素

①消费者的资源。我们日常生活中经常会思考要购买什么、什么时候去购买、如何去购买等问题。这些问题反映的就是消费者的时间、收入以及知识等方面的资源。一些人穿着普通、住房比较简陋、家庭食物单一，而另一些人穿戴昂贵的衣物、开豪车、家庭食物丰富，造成他们不同的原因主要在于收入的不同。甘长求（1995）的一项针对香港超级市场的研究表明，随着收入水平的不断提高，消费者对商品质量要求越来越高，并更高要求购物过程带来的快捷和舒适度。时间的稀缺性使其具有更大的价值，有部分消费者关注的并不在于购买多种产品，而是购买更多的时间。很多企业在广告中会特别强调其产品与服务节省时间的属性，一些超市为了方便顾客的出入和减少等候时间等做出了相应的措施来吸引消费者。

②消费者购买动机。有部分的购买行为产生的初衷是消费者需要这种产品并有能力买，但仍存在外部刺激达到的购买行为，例如消费者在超市里遇到试吃活动，经过这一活动感受到产品带来的满足感和愉悦感，便会购买此类产品，或是因为周围朋友的推荐参与某种服务的体验等。

经营者要把握消费者的潜在需求，通过外部的刺激来促进消费者购买动机的形成。购买动机一般可以分为生理性动机和生存性动机。一些人购买乳制品是为了满足营养均衡，这就是求实动机的体现，而有些人可能是为了购买国外某种乳制品，仅仅是因为促销活动的吸引，这样的购买动机可以理解为求廉动机。消费者购买动机的不同，在很大程度上决定了消费者购买行为的形成。

③消费者知觉与学习。人脑对刺激物各个部分的整体反应，对感觉信息进行加工和解释的过程被称为知觉。消费者知觉的过程通常可以分为展露、注意和理解 3 个阶段，恰好能引起感觉的刺激强度成为感觉阈限，阈限值越低，感受性越高，刚刚能够引起感觉的最小刺激量为绝对阈限。

在市场营销的过程中，韦伯定律受到各个经营者的灵活运用，通过改变商品的价格、增加或减少产品的数量、改变物品的大小等多种措施来刺激消费者的购买。另外，人们在生活的过程中，因为经验和学习的实践，会产生行为潜能的变化。

④消费者态度。态度反映的是人们对事物的喜好倾向与内在态度，它既决定着消费者是如何看待产品和服务的，也影响着消费者的购买行为形成。有很多学者认为消费者的态度和他自身的购买行为之间并不一定存在直接支配的影响，但行为与态度之间的关系并不是如此简单的。

消费者态度将会影响消费者的学习兴趣和学习的效果、进而影响消费者对产品的评价、最终影响购买意向。但了解消费者的态度并不容易，需要通过一定的测量方法来反映，现在很多的研究中主要采用的方法为瑟斯顿等距量表、李克特量表与语意差别量表，由于态度具有相对的持久性，不容易被改变，这就需要经营者利用说服模式，从外部刺激和中介过程等方面转变消费者的态度，引导消费者购买行为。

（2）客观因素

①消费者文化价值观。价值观是一种信念，给人们提供审查事物的标准，决定着人们对产品或服务的喜好，指导购买行为的方向。

个体的价值观受文化价值观的影响，而个人的经历、特征以及社会阶层又会影响到个体价值观，有的人注重产品的实用性，有的人则更加注重产品消费所带来的自身形象的改善。文化价值观的测量通常采用手段—目标链分析和价值观问卷调查的方式。

②社会阶层的差异。这里的社会阶层并不是阶级社会的意思，指的是每个人在社会中都占据一定的位置，或显赫或微小，但都是社会的重要组成部分。

职业、收入、个人声望与社会化决定了社会阶层，划分阶层的方法有单一指标法和综合指标法两种，比如利用职业、收入这些单项指标将消费者分为不同的社会阶层，或是为教育、声望等不同指标赋予相应的权重，测量消费者在各个项目上的分数和总分，从而决定消费者是属于哪一个阶层。不同的社会阶层消费者在支出模式、信息接收处理、休闲活动和购物方式存在差异。

③社会群体的影响。通过一定的社会关系进行共同活动而产生的群体叫做社会群体，群体之间产生相互作用。

群体成员在活动的过程中会促使消费者本身有意识或无意识地与群体的意识保持一致，产品的购买和消费与群体的存在发展也是休戚相关的。与消费者密切相关的社会群体主要由家庭、朋友、社会正式群体、消费者行动群体与购物群体等。消费者在进行购买行为时经常会模仿该群体成员的行为，参照群体成员的意见来完成自身的行为。Bearden（1982）从产品的特征出发，利用产品的必需程度将消费的情形分开，分析具体情形下参照群体对产品和品牌选择的影响力程度（图 5－4）。

④消费者情境的影响。面对同样的营销刺激与商品服务，同一个消费者在不同的消费情境下会做出不同的消费行为。消费者情境是由一些短暂性时间与状态构成，虽然它并不是营销刺激的一部分，但对消费者购买行为却有很重要的影响，如购物时的天气、场所顾客拥挤程度以及消费者心情等。情境、个体与产品之间存在的交互影响对经营者制定市场细分与定位策略产生重要的意义。

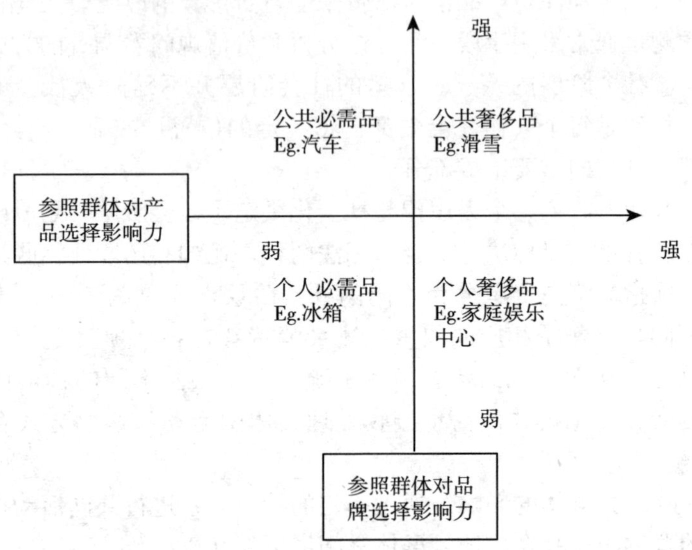

图 5-4 参照群体与产品特征的影响维度图

资料来源：Bearden W D，Etzel M J. Reference Group Influence on Product and Brand Purchase Decisions. Journal of Consumer Research，1982 September（9）：185.

二、北京市居民国内外乳制品消费现状

为了研究北京市居民国内外乳制品消费现状，本研究共发放问卷 566 份，收回 526 份，问卷的回收率为 92.93%，依据研究内容和研究变量选择的标准，去除其中含有的残缺问卷后最终有效问卷共有 506 份，问卷有效率为 89.4%。

（一）消费群体特征分布较均匀

从接受调研的消费者性别分布来看，男性消费者有 257 人，占比 50.8%，女性消费者 249 人，占比 49.2%，分布较为平均；

本次研究针对的是北京市消费群众，从消费者居住地来看，涉及区域有昌平、朝阳、东城、丰台等 9 个区（县），每个区（县）受调查的消费者在 40～60 人，参与调研者分布均匀，可以满足代表北京市消费水平的条件（表 5 - 2）。

表 5 - 2　消费者人口统计特征信息表

样本特征	细分变量	频率（次）	总有效百分比（%）
性别	男	257	50.80
	女	249	49.20
居住地	昌平区	53	10.50
	朝阳区	60	11.90
	东城区	47	9.30
	丰台区	67	13.20
	海淀区	54	10.70
	怀柔区	62	12.30
	门头沟区	60	11.90
	石景山区	61	12.10
	西城区	42	8.30

数据来源：《消费者对国内外乳制品购买行为研究》问卷调查。

（二）消费群体有足够购买能力

被调研的消费者大学本科共有 250 人，占全部调研者的一半，本科以下学历有 145 人，本科以上学历有 92 人，分布状态较好。从职业分布的数据中可以看到，公司企业人员有 299 人，占全部被调研者的一半，剩下依次为公务员、离退休人员、个体经商者和在校大学生，这样的选择是基于工作和收入稳定性角度考虑；收入水平的统计结果显示，6 000 元以上的消费者有 162 人，占全部受众的 32%，3 000～3 999 元和 4 000～4 999 元的消费者较为平均，分别为 92 人和 100 人，2 000～2 999 元和

5 000～5 999 元的消费者分别有 70 人和 65 人，2 000 元以下的消费者仅占 3.4%，说明接受调研的消费者平均工资都在 4 500 元以上，具有足够能力消费乳制品。具体见表 5－3。

表 5－3　消费者人口统计特征信息表

样本特征	细分变量	频率（次）	总有效百分比（%）
学历	初中及以下	19	3.80
	高中及高职	39	7.70
	大学专科	106	20.90
	大学本科	250	49.40
	硕士及以上	92	18.20
职业	在校大学生	9	1.80
	公务员事业人员	68	13.40
	公司企业人员	299	59.10
	离退休人员	54	10.70
	个体经商者	38	7.50
	其他工作者	38	7.50
月收入	2 000 元以下	17	3.40
	2 000～2 999 元	70	13.80
	3 000～3 999 元	92	18.20
	4 000～4 999 元	100	19.80
	5 000～5 999 元	65	12.80
	6 000 元以上	162	32.00

数据来源：《消费者对国内外乳制品购买行为研究》问卷调查。

（三）消费者对乳制品品质的信心较低

并不是所有的消费者都进行乳制品购买或者作为主要购买角色而存在，本次研究被调研的 506 名消费者中，有 50 人平时不进行乳制品的购买，其中 32%的消费者是因为对乳制品质量不信任，另有24%的消费者将收入水平有限作为不进行购买的主要原因，没有食用乳制品习惯和食用后身体不适的消费者分别占20%和10%，剩余14%的人群平时不作为家庭或个人乳制品购买角色。

从这个分布结果中可以看出，虽然2008年乳制品质量安全事件已经过去很久，但消费者对国内乳制品的信心仍处于较低水平，重塑乳制品在不同消费群体里的信心是乳制品企业必须要关注的（图5-5）。

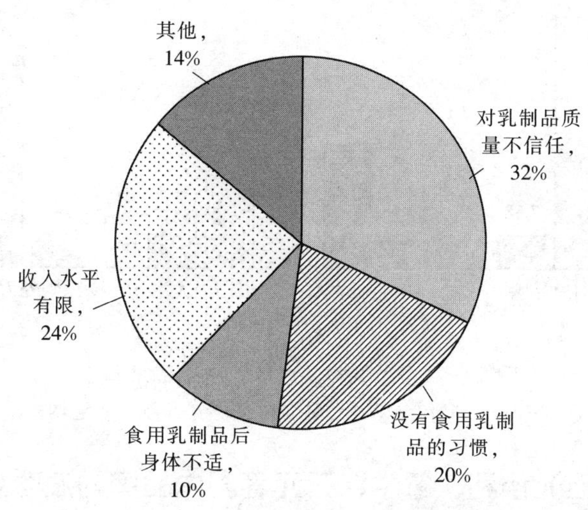

图5-5　消费者不进行乳制品购买的主要原因

数据来源：《消费者对国内外乳制品购买行为研究》问卷调查。

（四）液态奶、奶粉品牌消费类别差异大

在选择平时购买乳制品的人群中进行了乳制品品牌选择的调研，其中：消费者购买液态奶（鲜奶、酸奶）的品牌类别最大权重为国内品牌，占比59.65%，同时购买国内外品牌且以国内品牌为主的消费者有30.08%，虽然国外品牌不是消费者购买液态

奶的主要选择，但从 1/3 的比例可以看出，国外乳制品已经悄然占据了中国的消费市场；而在奶粉消费方面，仅选择国外品牌的消费者有 29.29%，同时购买国内外品牌且以国外品牌为主的人群比例高达 49.49%，将近一半的比例显示北京市奶粉消费主要还是以国外品牌为主，怎样重塑消费者对国内品牌的信心成为企业最应该关注的问题。具体见图 5－6。

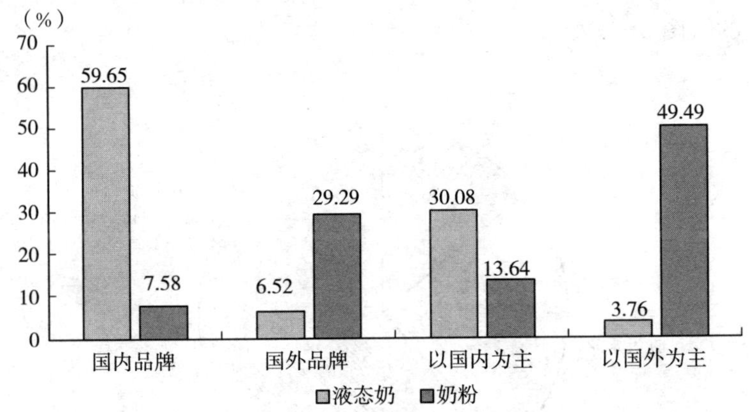

图 5－6　消费者对国内外乳制品品牌选择

数据来源：《消费者对国内外乳制品购买行为研究》问卷调查。

（五）伊利、蒙牛、三元等国内品牌为液态奶主要消费品牌

从上述分析中可以看出，消费者购买液态奶（鲜奶、酸奶）仍以国内品牌为主，国外品牌为辅。

如表 5－4 所示，消费者对国内品牌选择依次为蒙牛、伊利、三元、光明、君乐宝等，其中蒙牛、伊利的选择比例高达 73.4%和 74.4%，说明这两大企业的品牌影响力较大，品牌形象深入人心，受大众的青睐。三元的选择比例也高达 51.1%，究其原因，可能是和本地品牌有关，液态奶的新鲜度最为重要，

三元属于北京本土品牌，从工厂到超市的距离短，可以保证液态奶的新鲜程度。

表5-4 消费者购买液态奶（鲜奶、酸奶）的品牌选择

名 称	伊利	蒙牛	三元	光明	味全	现代牧业	圣牧	夏进	维他奶	君乐宝
选择次数（次）	293	297	204	121	80	53	28	99	53	103
所占比例（%）	73.4	74.4	51.1	30.3	20.1	13.3	7.0	24.8	13.3	25.8
名 称	欧德堡	多美鲜	德亚	安佳	田园	德运	纽麦福	艾思达	得乐思	有机谷
选择次数（次）	60	69	47	42	26	24	18	18	10	37
所占比例（%）	15.0	17.3	11.8	10.5	6.5	6.0	4.5	4.5	2.5	9.3

数据来源：《消费者对国内外乳制品购买行为研究》问卷调查。

国外品牌方面，居于最多选择的品牌依次为多美鲜、欧德堡、有机谷、安佳等，他们来源国分别为德国、美国和新西兰。据海关数据统计，2013年中国鲜奶进口来源国家中，德国和新西兰所占比例分别为41.93%和18.06%，从德国进口量高达77 392.07吨，进口金额共计7 225.54万美元，成为2013年中国鲜奶最主要进口来源国家。进口比重的大幅度上涨使得国外品牌占据了一定的消费市场。

（六）美赞臣、雀巢等国外品牌为奶粉主要消费品牌

“三聚氰胺事件”发生之后，国内消费者对乳制品的信心大幅度降低，特别是在奶粉消费这一区域，大多数消费者不惜大价钱从国外抢购奶粉，这引起许多国家推出了“限购令”，这充分说明了消费者对国内奶粉品牌质量的恐慌程度。

从表5-5中可以看出，北京居民在奶粉的品牌选择方面，更偏向选择国外乳制品品牌。而根据品牌影响力度的不同，也造成了消费者偏好的差异。

受调研的消费者对国内奶粉的品牌选择以雅士利、伊利、完达山和蒙牛为主，比例占国内品牌的28.8%、21.7%、23.2%

和 31.8%；奶粉的国外品牌以雀巢、美赞成、惠氏和雅培为主，选择次数分别为 87、81、63 次和 53 次，其中雀巢和美赞臣占比均超过了 40%。从海关进出口贸易的数据中得到，2013 年中国累计从新西兰进口奶粉共计 68.65 万吨，占进口总量的 80.35%，据了解，雅培、惠氏、美赞臣都部分用了新西兰奶源。

表 5-5　消费者购买奶粉的品牌选择

名　称	伊利	蒙牛	贝因美	飞鹤	爱美乐	圣元	雅士利	光明	完达山	南山
选择次数（次）	57	43	46	39	11	32	63	26	52	17
所占比例（%）	28.8	21.7	23.2	19.7	5.6	16.2	31.8	13.1	26.3	8.6
名　称	美赞臣	惠氏	雀巢	雅培	美素佳儿	可瑞康	诗幼乐	牛栏奶粉	多美滋	澳优奶粉
选择次数（次）	81	63	87	53	29	9	10	14	49	20
所占比例（%）	40.9	31.8	43.9	26.8	14.6	4.5	5.1	7.1	24.7	10.1

数据来源：《消费者对国内外乳制品购买行为研究》问卷调查。

（七）注重营养健康成为购买乳制品的主要原因

剩下的 459 人平时都有购买乳制品的行为，占全部被调研者的 90.7%。消费者购买乳制品的主要原因被分为营养健康、生活习惯、饮料替代、美容养颜、送礼需求和其他 6 个选项。

从问卷统计数据可以看出，选择营养健康和生活习惯的人群均占所有受众的 37%，共计 242 人，说明随着人们生活水平的提高，消费者不仅关注日常所需的数量，更关注的是食品的营养价值，给身体带来的健康。另有 9%的人群选择乳制品作为饮料的替代品，现在乳制品的口味多种多样，能够满足消费者的不同需求，选择美容养颜、送礼以及其他的消费者分别有 6%、6% 和 5%（图 5-7）。

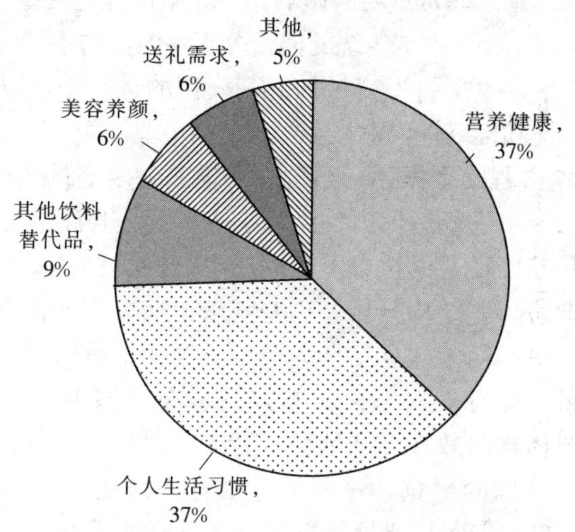

图 5-7　消费者进行乳制品购买的主要原因

数据来源：《消费者对国内外乳制品购买行为研究》问卷调查。

三、国内外乳制品选择的影响因素分析

本章分为三个方面：第一方面简单阐述了结构方程模型的基本理论，构建出本研究的理论模型，利用 AMOS 软件构建理论模型路径图；第二方面对调研数据进行模型参数估计、拟合度评价、模型修正；第三方面根据结构方程模型的结果，分析显著路径以及各个影响因素对择定模式的影响程度。

（一）国内外乳制品选择理论模型的构建

在管理学、经济学等研究领域，直接可以观测的变量能够使模型达到有效运行，并得出准确的研究结果。但有时需要同时处理多个因素之间的关系与测量潜变量的影响程度，这都是传统回归分析软件不能做到的。在消费者行为的研究过程中，主观因素

对购买行为起到了非常重要的影响作用，结构方程模型（Structural Equation Modeling）与传统的回归分析不同，它不仅可以同时处理多个因变量，也可将潜变量加入到模型的运行中，以达到研究结果的科学性和准确性，对社会学科的研究具有重大的意义。

1. 结构方程模型概述 结构方程模型是多变量分析（multivariate analysis）重要课题的主要研究方法，也常称为结构方程建模，它是基于变量的协方差矩阵用来分析变量之间的关系的统计方法，即协方差结构分析。近些年来，社会学、管理学等方面的定量研究更倾向于建立复杂的模型，这些定量的模型不仅涉及大量的变量，也存在复杂的关系，要求在结构上不仅具有层次性，也需要体现时效性。在消费者行为学研究中涉及的变量，大多不能进行准确的测量，这些变量被称为潜变量（latent variable），如认知、态度与评价等方面。在这样的情况下，我们利用一些外显指标（observable indicators）间接测量这些潜变量，结构方程模型可以做到同时处理潜变量和外显指标的目标。

2. 结构方程模型结构 结构方程模型的构成可以理解为结构方程模型的数学表达形式，可以分为两个部分：测量方程（measurement equation）用来描述潜变量与指标之间的关系，如收入、乳制品购买量等指标与社会经济地位的关系、受教育程度与消费者对乳制品知觉的关系；结构方程（structural equation）用来描述潜变量之间的关系，如社会经济地位与消费者知觉的关系。

（1）测量模型：

$$x = \Lambda_x \xi + \delta \tag{5.1}$$

$$y = \Lambda_y \eta + \varepsilon \tag{5.2}$$

其中，内生变量和外生变量都是潜变量（latent variable），这些潜变量都是由多个观察变量或指标（factor）来测量的。上面这个测量模型表示的是外生变量和内生变量是通过变量 x 和 y 来测量的，测量中存在一定的误差。如外生变量 η_1 和 η_2 分别由

观察变量 y_1，y_2，y_3 和 y_4，y_5，y_6 来测量，其矩阵形式如下：

$$\begin{aligned} y_1 &= \lambda_1 \eta_1 + \varepsilon_1 \\ y_2 &= \lambda_2 \eta_1 + \varepsilon_2 \\ y_3 &= \lambda_3 \eta_1 + \varepsilon_3 \\ y_4 &= \lambda_4 \eta_2 + \varepsilon_4 \\ y_5 &= \lambda_5 \eta_2 + \varepsilon_5 \\ y_6 &= \lambda_6 \eta_2 + \varepsilon_6 \end{aligned} \tag{5.3}$$

由公式（1.2）可以得出：

$$y = \begin{pmatrix} y_1 \\ y_2 \\ y_3 \\ y_4 \\ y_5 \\ y_6 \end{pmatrix} \quad \Lambda_y = \begin{pmatrix} \lambda_1 & 0 \\ \lambda_2 & 0 \\ \lambda_3 & 0 \\ 0 & \lambda_4 \\ 0 & \lambda_5 \\ 0 & \lambda_6 \end{pmatrix} \quad \eta = \begin{pmatrix} \eta_1 \\ \eta_2 \end{pmatrix} \quad \delta = \begin{pmatrix} \varepsilon_1 \\ \varepsilon_2 \\ \varepsilon_3 \\ \varepsilon_4 \\ \varepsilon_5 \\ \varepsilon_6 \end{pmatrix} \tag{5.4}$$

在这里的 $\lambda_1 \cdots \lambda_n$ 分别表示的是某个指标在其对应潜变量上的因子负荷。接下来就是结合公式（5.1）、公式（5.2）开始构建结构模型。

（2）结构模型：

$$\eta = \beta\eta + \Gamma\xi + \zeta \tag{5.5}$$

其中，η 为潜在因变量系数矩阵；Γ 表示结构模型中潜在自变量矩阵 ξ 对潜在因变量矩阵 η 的影响；β 为结构系数矩阵，表示结构模型中潜在因变量矩阵 η 的构成因素之间的相互影响；ζ 为结构方程的残差矩阵。

3. 研究变量的确定　消费者购买行为的研究涉及不同方面的因素，本研究根据需要设计消费者对国内外乳制品购买选择的问卷，将研究变量确定为消费者社会地位、消费者认知、个性与情感、消费者态度、顾客满意度以及购买后行为这 6 个指标，每个变量赋予一定的具体观测变量（表 5-6）。

表 5-6　消费者乳制品购买行为研究指标体系

决策购买过程	研究变量	具体对应指标
购买前过程	1. 社会的地位	收入、性别、职业、受教育程度
	2. 消费者认知	B_1（了解乳制品生产过程） B_6（了解乳制品的营养成分） B_{10}（以内心参考价格为标准）
	3. 个性与情感	B_2（注重品牌与社会地位的一致性） B_7（喜欢购买促销活动的乳制品） B_8（喜欢购买包装新颖的乳制品） B_9（考虑价格与价值是否相符） B_{17}（国外乳制品提高地位和档次）
	4. 消费者信任	B_3（只选择经常购买的品牌） B_4（会购买熟人推荐的品牌） B_{16}（信任国内乳品企业行为） B_{20}（信任国外乳品企业行为）
消费者购买	5. 顾客满意度	B_{14}（满意国内乳制品的质量） B_{15}（满意国内乳制品的价格） B_{18}（满意国外乳制品的质量） B_{19}（满意国外乳制品的价格）
购买后结果	6. 购买后行为	B_5（将忠实的品牌推荐给亲朋好友） B_{11}（有过退货或投诉经历） B_{12}（可以得到及时解决） B_{13}（问题解决后继续购买）

其中，消费者社会地位作为背景信息，是影响消费者购买行为的人口统计特征，包括消费者性别、受教育程度、职业和收入水平。根据以往的研究不难看出，消费者作出购买行为在很大程度上受收入水平的影响，收入水平高的人群在满足日常生活需要

的同时会更加注重健康和营养均衡，但并不代表收入水平低的人群对这方面存在忽视，只可能是收入水平的有限造成引起购买行为的动力较小。而受教育程度一直都是所有研究中都提出来的，通常认为，受教育程度越高的人群，在生活质量方面注重要比受教育程度较低的人群高，但个别不能代表全部，只能通过数据的相关性得知。

主观方面的因素不容忽视，所以本文将消费者购买行为全过程涉及的消费者主观因素做了简要的归类，将其分为认知、个性、态度、满意度这几个方面，每个人的思想都是独一无二的，不会存在想法完全一致的两个人，受思维和情感的影响，消费者做出的购买行为则不会相同，但相似的群体存在相似的购买习惯，这在一定程度上也代表了每个阶层的消费差异，通过将潜变量量化可以得出较为准确性的结果。

在购买过程结束后并不能说明完整消费的结束，购后行为是一个很重要的评价方面，这会影响消费者对该产品或服务的印象，甚至是下一次消费。当消费者非常满意购买的整个过程、满意产品或服务的质量时，会对该品牌形成良好的印象，将会有可能采取不断消费该品牌的行为，久而久之形成品牌忠诚，将会为该品牌带来更大的效益。反之，当形成不好的印象时，消费者则可能会丢弃这一品牌，甚至是向周围人群传达不好的信息，从而影响品牌口碑的建设。

4. 本研究理论模型图示　消费者的主客观因素对整个购买决策行为都非常重要，影响因素也是多种多样，本文借鉴了之前学者的研究与个人的理解，将结构方程模型的研究变量定为社会地位、认知、情感等 6 个方面，力求考虑到整个过程。

本文中消费者社会地位的形成是依靠收入、性别、受教育程度和职业 4 个具体变量支撑，这些被称为消费者的购买能力与需求能力，它会影响消费者对乳制品的认知程度，掺杂消费者不同背景信息，会因消费者个性和情感的不同做出不同的购买行为，同时它还会影响消费者对乳制品的态度，如是否信任乳品企业行为；虽然这3个指标不会反向影响消费者的社会地位，但会影响消费者的满意度，这个模型的评估目的是为了验证消费者对国内外乳制品的满意程度；因为消费者满意程度的差异，会产生不同的购后行为，如果出现质量问题，消费者是选择再次信任继续购买，还是放弃该产品，或者是消费者形成品牌忠诚，推荐给身边的亲友使用。

理论概念图示在理论的基础上阐述了变量之间的关系，但仅仅以主观推断来确定它们之间的关系是不严谨的，在进行因子分析之后对本研究的模型图进行修正。根据上述研究变量选取的原因和结果，得出本文理论概念模型图（图5-8）。

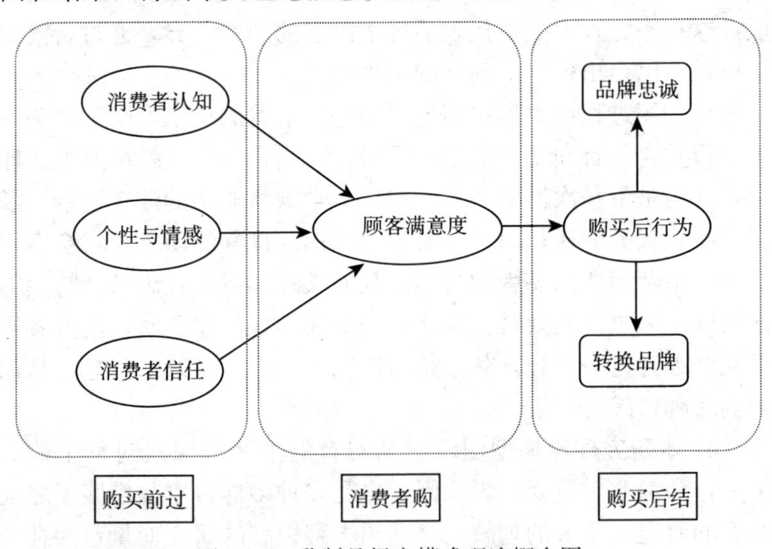

图5-8　乳制品择定模式理论概念图

5. 理论模型路径图　根据理论模型的构建，在AMOS软件中绘制理论模型路径图如图5-9所示，椭圆图形代表潜变量，方框代表观测变量，在潜变量之中又可分为内生变量和外生变量，本论文构建的模型包含4个外生变量（Exogenous variables)：消费者认知、个性与情感、消费者信任与顾客满意度；一个内生变量（Endogenous variables)：品牌择定模式。其中，$B_1 \sim B_{20}$以及$A7$b、$A5$b、$A9$分别为外生变量和内生变量的指标变量，$e_1 \sim e_{24}$分别表示潜变量因素的负荷量。

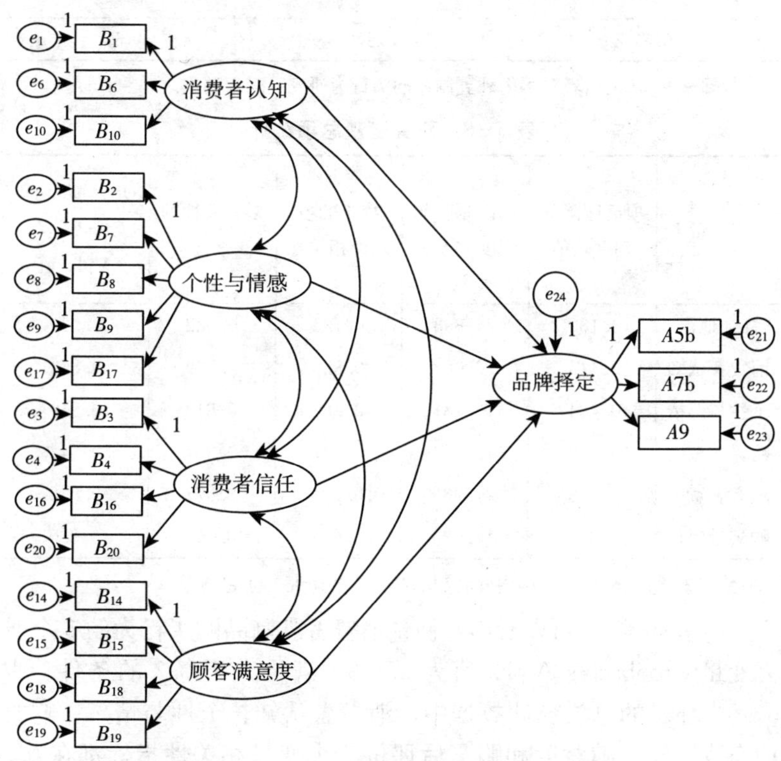

图 5-9　理论模型路径图

（二）国内外乳制品选择模型的实证分析

1. 探索性分析

(1) 信度水平较合理。消费者对乳制品购买行为的研究变量共有 6 个，运用 SPSS19.0 对本次研究变量进行的信度分析

（Reliability Analysis）如表 5-7、表 5-8 所显示：

表 5-7　可靠性统计量

Cronbach's Alpha	基于标准化项的 Cronbachs Alpha	项　数
0.893	0.870	6

数据来源：《消费者对国内外乳制品购买行为研究》问卷调查。

表 5-8　研究变量总项统计

变　量	项已删除的刻度均值	项已删除的刻度方差铉	校正的项总计相关性	多相关性的平方	项已删除的 Cronbach's Alpha 值
社会地位	13.182 3	24.853	0.125	0.022	0.930
消费者认知	10.415 5	16.082	0.850	0.762	0.850
个性与感情	10.484 7	16.781	0.858	0.812	0.849
购买前态度	10.372 0	16.450	0.897	0.837	0.842
顾客满意度	10.655 6	17.966	0.791	0.677	0.862
购买后评价	10.801 4	17.026	0.693	0.515	0.880

数据来源：《消费者对国内外乳制品购买行为研究》问卷调查。

从表 5-7 中可以看出，衡量消费者乳制品购买行为的 6 个研究变量 Cronbach's Alpha 值为 0.893，满足大于 0.7 的条件。表 5-8中显示的总项统计数据中，消费者认知、个性与情感、购买前态度、顾客满意度和购买后评价 5 个变量相关性指标都在 0.5 以上，不需要剔除指标，这些研究变量之间存在较高的可信度。

（2）效度水平较合理。效度分析是指研究得出的测量数值和真实数值的接近程度，主要采用 KMO（Kaiser - Meyer - Olkin）样本测度和 Bartlett 的球形度检验来检验数据的效度。如表 5-9 所示，KMO 值为 0.868，大于 0.5 的标准，说明很适合做因子分析；另外，巴特利检验系数 $P<0.01$，说明因子相关系数矩阵非单

位矩阵，能够在提取最少的因子达到解释大部分方差的目的，变量有效度高，可以用作之后 SEM 模型假设研究的验证分析。

表 5-9 KMO 和 Bartlett 的检验

取样足够度的 Kaiser-Meyer-Olkin 度量		0.868
Bartlett 的球形度检验	近似卡方	2 313.294
	df	15
	Sig.	0.000

数据来源：《消费者对国内外乳制品购买行为研究》问卷调查。

利用 SPSS 对各个观测变量进行降维分析之后得到各个因素的负荷数值，从表 5-10 中可以看出，众多观测变量的负荷大于 0.4 的标准，而 B_{11}、B_{13} 的负荷为 0.358、0.21，应该考虑剔除这两个观测变量，虽然 B_{12} 和 B_{19} 的负荷都在 0.4 之上，但数值并不理想，考虑之后的模型拟合，将剔除这两个变量。

表 5-10 各观测变量的因素负荷

观测变量	因素负荷	观测变量	因素负荷
B_1	0.838	B_{11}	0.358
B_2	0.79	B_{12}	0.431
B_3	0.768	B_{13}	0.21
B_4	0.707	B_{14}	0.705
B_5	0.84	B_{15}	0.78
B_6	0.765	B_{16}	0.687
B_7	0.723	B_{17}	0.768
B_8	0.624	B_{18}	0.923
B_9	0.762	B_{19}	0.411
B_{10}	0.799	B_{20}	0.947

数据来源：《消费者对国内外乳制品购买行为研究》问卷调查。

剔除这4个观测变量之后所得到的效度分析如表5－11所示，KMO值为0.716，大于0.5的标准，很适合做因子分析；另外，巴特利检验系数P<0.01，说明能够在提取最少的因子达到解释大部分方差的目的，变量有效度高，可做进一步的因子分析（表5－11）。

表5－11　KMO和Bartlett的检验

取样足够度的 Kaiser－Meyer－Olkin 度量		0.716
Bartlett 的球形度检验	近似卡方	3 629.725
	df	120
	Sig.	0.000

数据来源：《消费者对国内外乳制品购买行为研究》问卷调查。

（3）提取6个因子作分析。因子分析是现代的结构方程模型其中一个特殊的形式，它的本质是将众多的观测变量构成多维向量空间，并对这些向量进行降维的处理。针对一些无法具体表达出来的研究变量，我们通常运用多个具体变量对其进行描述，形成一种自上而下的研究方式。

首先，采用主成分方法提取初始公因子，并以特征值大于1作为提取的标准，从表5－12中的数据中可以看到，有6个主成分特征值均大于1，这6个主成分累积解释了72.654％的总方差，通常认为解释总方差率大于60％便是有效解释，所以通过这个方法提取本研究的公因子数量为6个。

其次，在确定研究中的提取公因子数量之后，得出的初始公因子负荷矩阵，但是以这个数据很难解释初始公因子。所以，此时采用最大方差法对初始因子进行旋转，得出旋转后的因子负荷矩阵如表5－13所示，然后根据研究内容将这些初始公因子进行解释，并剔除因子B_{16}。

表 5-12　解释的总方差

成分	初始特征值			提取平方和载入			旋转平方和载入		
	合　计	方差的%	累积%	合　计	方差的%	累积%	合　计	方差的%	累积%
1	3.437	21.482	21.482	3.437	21.482	21.482	3.249	20.309	20.309
2	2.896	18.103	39.585	2.896	18.103	39.585	2.511	15.693	36.002
3	1.467	9.168	48.753	1.467	9.168	48.753	1.5	9.377	45.379
4	1.432	8.952	57.705	1.432	8.952	57.705	1.498	9.362	54.742
5	1.377	8.606	66.312	1.377	8.606	66.312	1.45	9.06	63.801
6	1.015	6.342	72.654	1.015	6.342	72.654	1.416	8.853	72.654
7	0.823	5.146	77.8	—	—	—	—	—	—
8	0.717	4.481	82.281	—	—	—	—	—	—
9	0.658	4.113	86.394	—	—	—	—	—	—
10	0.524	3.277	89.67	—	—	—	—	—	—
11	0.456	2.848	92.518	—	—	—	—	—	—
12	0.421	2.629	95.147	—	—	—	—	—	—
13	0.357	2.23	97.377	—	—	—	—	—	—
14	0.19	1.185	98.562	—	—	—	—	—	—
15	0.18	1.127	99.69	—	—	—	—	—	—
16	0.05	0.31	100	—	—	—	—	—	—

表 5-13　旋转后的成分矩阵[a]

因子	1	2	3	4	5	6
B_1	0.108	−0.065	0.191	0.769	−0.106	0.107
B_2	−0.028	0.837	0.206	0.042	−0.042	−0.072
B_3	−0.033	0.836	−0.255	−0.057	0.077	0.002
B_4	−0.02	0.027	0.838	0.106	0.058	−0.156
B_5	−0.049	0.875	0.264	0.024	0.022	−0.062
B_6	0.037	0.055	−0.154	0.736	0.137	−0.113

（续）

因子	1	2	3	4	5	6
B_7	−0.088	0.399	0.414	−0.373	0.444	0.096
B_8	0	−0.06	0.053	−0.12	0.721	−0.092
B_9	0.124	0.112	0.111	0.274	0.761	0.095
B_{10}	−0.035	0.375	0.55	−0.162	0.279	0.111
B_{14}	−0.279	−0.112	−0.2	−0.004	0.12	0.731
B_{15}	−0.723	0.026	−0.057	0.174	−0.072	0.405
B_{16}	−0.347	−0.001	−0.09	0.041	0.117	−0.775
B_{17}	0.805	−0.039	−0.123	0.232	0.005	0.12
B_{18}	0.956	−0.002	0.054	0.049	0.027	0.032
B_{20}	0.961	−0.082	−0.047	0.073	0.026	0.074

提取方法：主成分。

旋转法：具有 Kaiser 标准化的正交旋转法。

a. 旋转在 7 次迭代后收敛。

根据旋转后的因子负荷矩阵，修正第四章的研究变量：因子 1 定义为消费者对国外品牌信任（B_{17}、B_{18}、B_{20}）、因子 2 定义为消费者品牌忠诚（B_2、B_3、B_5）、因子 3 定义为消费者情感（B_4、B_{10}）、因子 4 定义为消费者认知（B_1、B_6）、因子 5 定义为消费者个性（B_7、B_8、B_9）、因子 6 定义为消费者对国内品牌信任（B_{14}、B_{15}）。

2. 验证性分析

（1）SEM 模型初步检验。利用 AMOS 软件语言编辑的潜变量模型如图 5－10 所示，虽然模型可以运行，但是结果不可以接受，这是由于出现了路径系数大于 1 或者误差方差为负数的情况，解决方法有两个：一是严格根据因子分析的结果进行模型设计和运行；二是将研究变量的观测变量进行加总得分或者加总均分，将潜变量模型转变为路径模型。而此次的模型设计和运行已经按照因子分析的结果进行，不能通过第一种方法解决这种问

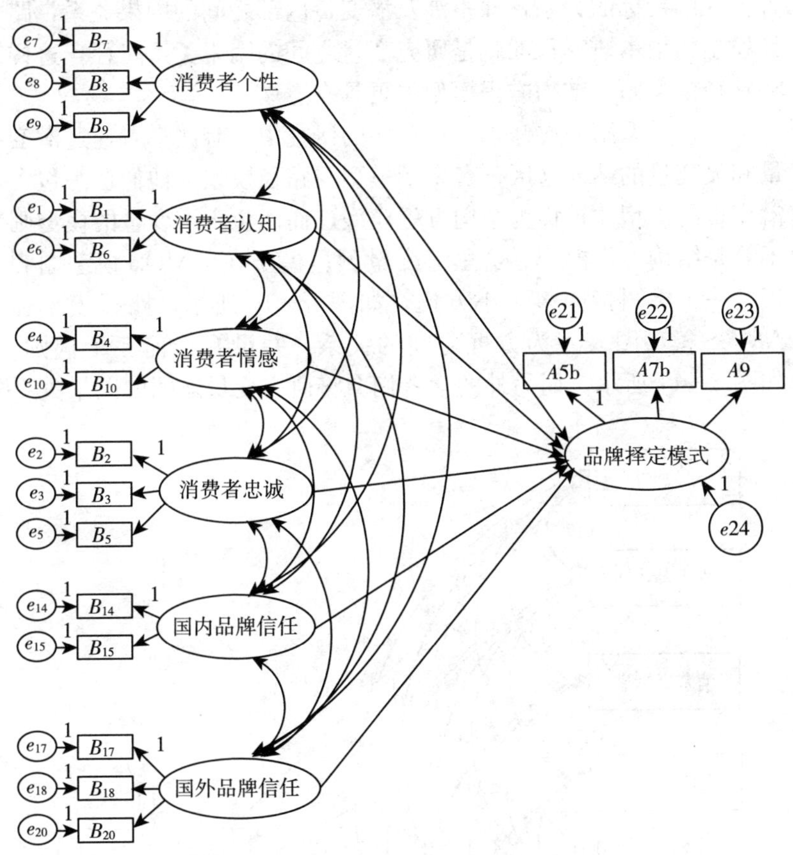

图 5－10　AMOS 设计的潜变量模型图

题。所以，之后的修正将采取路径模型这个方法。人们通常根据回归方程的性质将结构方程模型进一步分为两个部分：测量模型和结构模型。其中测量模型是反映各个观测变量与潜变量之间关系的模型，它们之间是反映或者形成的关系，并不一定是因果关系；结构模型则是反映变量之间因果关系的模型。基于这种意义，如果变量之间之间没有因果关系，那这种模型就不能被称为结构模型。验证性因素分析所构建的模型，主要是分析潜变量与各自观测指标的关系，并不涉及潜变量内部之间的因果关系，路径模型的根本研究目的就是研究变量之间的因果关系路径，这样将路径模型归入结构方程模型中更具有意义。

（2）模型第一次修正。在众多的研究中，有些学者通过潜变量和显变量的纳入来区分潜变量模型与路径模型，他们认为包含潜变量的模型才被称为结构方程模型，而不包含潜变量的模型则不算是结构方程模型。这里潜变量测量模型在 AMOS 模型图表现为一个椭圆指向多个小方框，如图 5－10 所示，路径模型在 AMOS 模型图表现为方框之间的关系，并没有任何一个椭圆，如图 5－11 所示。而另外的学者们会将研究变量之间的因果关系

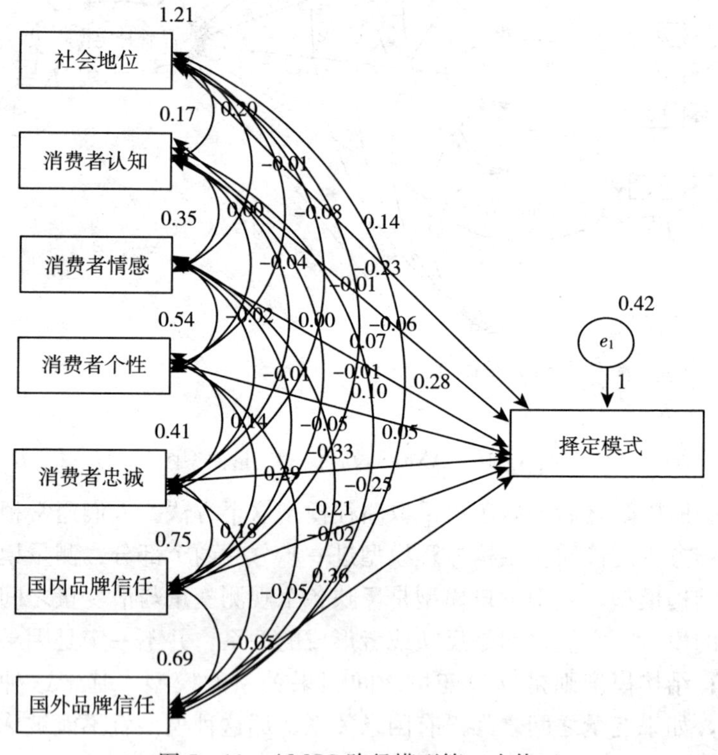

图 5－11　AMOS 路径模型第一次修正

都表达为路径分析，并不纠结这种路径是在潜变量模型中或者是在路径模型中，各个潜变量存在中介和调节的效应。所以，路径分析仅仅成为一种分析方法的名称而已。

图 5－11 的 SEM 初步检验中，潜变量模型考虑了测量的误差，在模型中不仅包含测量题目，也包括测量误差项，导致模型较冗杂，出现了虽可以运行但路径系数大于 1 或误差方差为负数的情况，而路径模型不包含测量题目和误差，研究变量是通过测量题目的加总均分所得到的，即将各个潜变量进行显变量化，通过路径模型分析各个变量之间的关系。在众多的研究情况下，潜变量模型的路径系数与路径模型的结果在显著性和相关性方面不会存在差异。

将消费者认知、消费者情感等 7 个变量的各个观测变量进行加总均分，得出研究变量的新得分。其中社会地位中的观测变量为受教育水平和收入水平，数值越大表示被调查者的社会地位越高；消费者认知、情感等 6 个变量赋值 1～5 个等级，数值越高表示消费者对此项越满意；择定模式包含消费者对液态奶、奶粉的品牌选择以及品牌固定选择次数。

（3）模型拟合分析。在自由度计算中，Chi－square＝0.000、Degrees of freedom＝0，表示该模型的自由度为 0，卡方为 0，一般出现这样的情况，我们考虑到这个模型应该出现了饱和模型的情况。表 5－14 显示的是将结构方程模型的拟合指标原始数据整合处理的结果，从数据中可以看到，虽然 Independence model 中 RMSEA 为 0.227 表示有一定的拟合程度，但并不理想，而卡方自由比（CMIN/DF）并没有显示，GFI、NFI、IFI、CFI 均等于 1，表示该模型为饱和模型。

（4）模型修正分析。针对饱和模型的修正主要方法就是删除 1 条或 N 条路径，使模型构成过饱和模型，表 5－15 中的 C.R. 是临界比（Estimate/S.E.），它是回归系数的估计值与标准误差的比值。这个比值与原假设有关，在 0.05 的显著性水平基础上，

表 5-14　第一次修正模型拟合结果

指标名称	指标含义	标准值	模型拟合结果	判定结果
绝对拟合度指标：				
X2/df	卡方自由度比	1～5 之间	无	饱和模型
GFI	比较适配度指标	>0.9（越接近 1 越好）	1	
RMSEA	渐进残差均方和平法差	<0.08	0.227	
增值拟合度指标：				
NFI	基准化适配度指标	>0.8（越接近 1 越好）	1	
IFI	增量适合度指标	>0.8（越接近 1 越好）	1	
CFI	比较适合度指标	>0.8（越接近 1 越好）	1	
精简拟合度指标：				
CAIC	一致赤池信息标准	小于独立模型和饱和模型的 CAIC 值	不合格	

临界比的绝对数值>1.96 即为显著。从下面的数据中可以看出，虽然消费者认知、消费者个性、消费者情感到择定模式的 p 值都不显著，但消费者情感→择定模式中 C.R. 值为 1.197，其绝对值明显小于标准值（1.197<1.96），所以在第二次修正中将删除“消费者情感→择定模式”这一条路径。

（5）模型第二次修正。通过删除“消费者情感→择定模式”这一条路径，得出的路径模型图示见图 5-12。

表 5－15　路径回归系数

路径	路径回归系数估计值	标准误	临界比	相伴概率
择定模式 <--- 消费者认知	－0.233	0.079	－2.930	0.003
择定模式 <--- 消费者情感	0.071	0.059	1.197	0.231
择定模式 <--- 消费者个性	0.101	0.045	2.234	0.026
择定模式 <--- 消费者忠诚	－0.333	0.049	－6.839	***
择定模式 <--- 国内品牌信任	－0.211	0.039	－5.403	***
择定模式 <--- 国外品牌信任	0.356	0.044	8.089	***
择定模式 <--- 社会地位	0.135	0.031	4.378	***

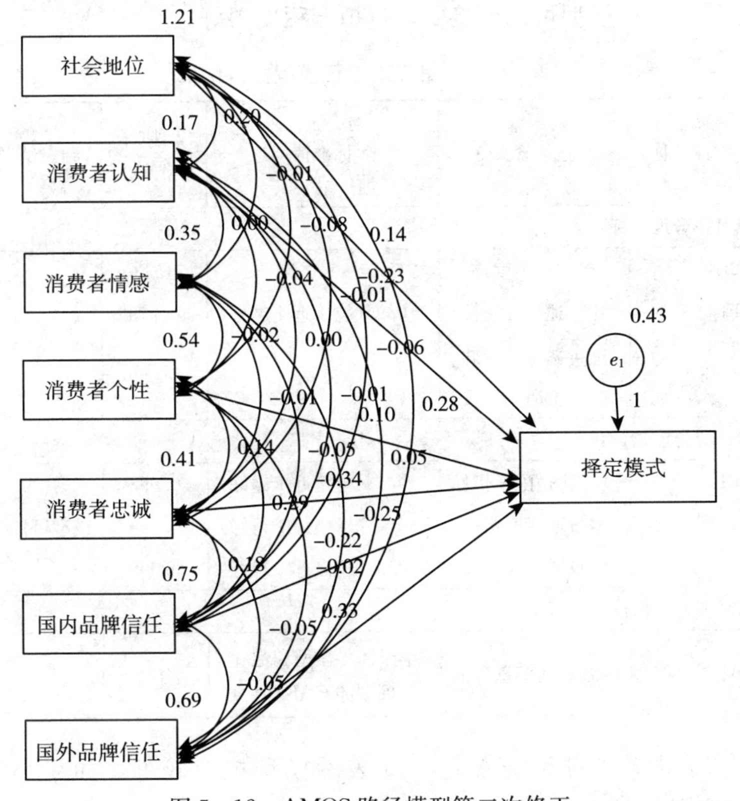

图 5－12　AMOS 路径模型第二次修正

此次模型拟合一共有 9 个变量：有 8 个观测变量，1 个非观测变量；9 个外生变量和 1 个内生变量。在 Notes for Model 这一栏中显示出：Chi-square＝1.430；Degrees of freedom＝1；Probability level＝0.000。卡方拟合指数一般被称为卡方统计量，用来观察模型的拟合优度，但在 AMOS 模型拟合中不作为主要的拟合度指标，可以作为参考值考虑模型的拟合程度是否理想。

为了使模型拟合判定结果更加清晰，我将拟合结果统计呈现在表 5－16 中，从中可以明确看出不同的拟合度指标的指标含义、指标标准值和模型拟合值，通过表格的结果呈现，第二次修正后的路径模型可以被接受，且拟合程度很好。

表 5－16　第二次修正模型拟合结果

指标名称	指标含义	标准值	模型拟合结果	判定结果
绝对拟合度指标：				
X2/df	卡方自由度比	1～5 之间	1.43	
GFI	比较适配度指标	>0.9（越接近 1 越好）	0.975	
RMSEA	渐进残差均方和平法差	<0.08	0.029	
增值拟合度指标：				
NFI	基准化适配度指标	>0.8（越接近 1 越好）	0.998	
IFI	增量适合度指标	>0.8（越接近 1 越好）	0.999	模型可接受
CFI	比较适合度指标	>0.8（越接近 1 越好）	0.999	
精简拟合度指标：				
CAIC	一致赤池信息标准	小于独立模型和饱和模型的 CAIC 值	合格	

通常认为 RMSEA≤0.05 表示模型拟合较好，如果小于 0.08 则有适当的模型拟合，从表 5－16 中看出，RMSEA＝

0.029<0.05，表示第二次修正的模型拟合较好；CMIN/DF 是卡方自由度比，标准范围在 1～5 之间，CMIN/DF＝1.430<2，表示该模型可以被接受；RMR 是残差平均平方根，越小表示拟合越小，GFI 是拟合优度指数，范围在 0～1 之间，拟合标准时大于 0.9；NFI、RFI、IFI、TLI 的范围都在 0～1 之间，大于 0.9 该模型可接受，越接近 1 表示拟合程度越好。

（三）国内外乳制品选择影响因素分析

路径模型图中主要存在两种路径：一是单向关系，用单向箭头表示，即 a 影响 b，但是 b 反过来不影响 a；二是相关关系，用双向箭头表示，即 a 与 b 之间的关系方向并不明确，但存在共同变化的关系。择定模式是按照以国内为主到以国外为主分为 4 个等级进行的，择定模式的数值越大代表消费者购买国外乳制品品牌越多，反之则代表消费者购买国外乳制品品牌越少。

表 5-17　路径回归系数

路径	路径回归系数估计值	标准误	临界比	相伴概率
择定模式 <--- 消费者认知	−0.231	0.080	−2.912	0.004
择定模式 <--- 消费者个性	0.103	0.045	2.273	0.023
择定模式 <--- 消费者忠诚	−0.336	0.049	−6.887	***
择定模式 <--- 国内品牌信任	−0.218	0.039	−5.612	***
择定模式 <--- 国外品牌信任	0.328	0.037	8.871	***
择定模式 <--- 社会地位	0.141	0.031	4.611	***

1. “国外品牌信任”成为影响消费者品牌选择的第一因素

从表 5-17 可以看出，消费者忠诚等 4 个变量显著影响消费者对国内外乳制品品牌择定模式。其中“国外品牌信任→择定模式”这一路径 C.R.＝8.871，说明受调研的消费群众对国外乳制品的信任度显著影响他们对乳制品品牌的选择行为。当消费者对国外品牌的信任度越高则越倾向于购买国外品牌。

2. “国内品牌信任”越高，消费者对国外品牌选择频率越低

如上述所言，消费者的信任对择定模式的影响力很大，但与国外品牌信任恰好相反的是，消费者对国内品牌越信任，乳制品择定模式的值越小，从−5.612的数值可以看出，消费者信任成为影响择定模式的主要因素，而当前国内品牌的市场占有率下降，大多数的原因在于消费者对国内乳制品品质等方面的信心缺失，为了挽回国内乳制品在消费者心目中的地位，重塑消费者对国内乳制品的信任，需要企业采取不同的措施来改变并加以实施。

3. “消费者忠诚”越高，消费者对国内品牌选择频率越高

表5-17中“消费者忠诚→择定模式”这一路径的C.R.=−6.887，说明消费者忠诚这一因素对择定模式的影响显著，且消费者对品牌的忠诚与择定模式为反向关系，即消费者对品牌的忠诚度越高，选择国外品牌的次数则越少，而选择国内乳制品品牌的几率则越高。

4. “社会地位”显著影响消费者对品牌的选择　从表5-17分析中看到，“社会地位→择定模式”这一路径的数值反映消费者的社会地位越高，在乳制品品牌选择中越热衷于购买国外品牌。于是将社会地位中包含的主要方面与择定模式进行了相关性分析，如表5-18所示，得出消费者收入水平和受教育水平与择定模式存在显著相关性，即消费者的收入水平越高或受教育水平越高，则会倾向选择国外乳制品品牌。而性别与职业虽然有一定影响，但并不作为主要影响因素存在。

5. 各个研究变量之间相关度较高　上面的表格显示了内生变量与外生变量之间的关系，而表5-19则体现了各个外生变量之间的相关关系。一共有7条路径p值达到显著性水平，分别是“消费者认知＜--＞国外品牌信任”、“消费者情感＜--＞国外品牌信任”、“消费者个性＜--＞消费者忠诚”、“消费者忠诚＜--＞

表 5－18　社会地位细分变量与择定模式相关性

变量		择定模式	性别	职业	收入	受教育水平
择定模式	Pearson 相关性	1	0.025	－0.093*	0.259**	0.157**
	显著性（双侧）		0.576	0.036	0.000	0.000
	样本容量	506	506	506	506	506
性别	Pearson 相关性	0.025	1	0.001	－0.189**	－0.031
	显著性（双侧）	0.576		0.984	0.000	0.487
	样本容量	506	506	506	506	506
职业	Pearson 相关性	－0.093*	0.001	1	－0.155**	－0.395**
	显著性（双侧）	0.036	0.984		0.000	0.000
	样本容量	506	506	506	506	506
收入	Pearson 相关性	0.259**	－0.189**	－0.155**	1	0.493**
	显著性（双侧）	0.000	0.000	0.000		0.000
	样本容量	506	506	506	506	506
受教育水平	Pearson 相关性	0.157**	－0.031	－0.395**	0.493**	1
	显著性（双侧）	0.000	0.487	0.000	0.000	
	样本容量	506	506	506	506	506

注："*"代表达到 0.05 的显著水平；"**"代表达到 0.01 的极显著水平。

表 5－19　方差估计

回归路径			路径系数估计值	标准误	临界比	显著性
消费者情感	<-->	消费者认知	－0.004	0.011	－0.348	
消费者情感	<-->	消费者个性	－0.016	0.019	－0.834	
消费者情感	<-->	消费者忠诚	－0.009	0.017	－0.55	
消费者认知	<-->	消费者个性	－0.036	0.013	－2.697	**
消费者认知	<-->	消费者忠诚	－0.005	0.012	－0.388	
消费者认知	<-->	国内品牌信任	－0.007	0.016	－0.426	

（续）

回归路径			路径系数估计值	标准误	临界比	显著性
消费者认知	<-->	国外品牌信任	0.054	0.015	3.519	**
消费者情感	<-->	国内品牌信任	−0.051	0.023	−2.245	*
消费者情感	<-->	国外品牌信任	−0.252	0.024	−10.305	**
消费者个性	<-->	消费者忠诚	0.139	0.022	6.337	**
消费者忠诚	<-->	国内品牌信任	0.18	0.026	6.919	**
消费者个性	<-->	国内品牌信任	0.291	0.031	9.327	**
消费者个性	<-->	国外品牌信任	−0.019	0.027	−0.709	
消费者忠诚	<-->	国外品牌信任	−0.046	0.024	−1.935	
国内品牌信任	<-->	国外品牌信任	−0.05	0.032	−1.568	
消费者认知	<-->	社会地位	0.196	0.022	8.983	**
消费者情感	<-->	社会地位	−0.008	0.029	−0.294	
消费者个性	<-->	社会地位	−0.082	0.036	−2.269	
消费者忠诚	<-->	社会地位	−0.008	0.031	−0.259	
国内品牌信任	<-->	社会地位	−0.064	0.042	−1.499	
国外品牌信任	<-->	社会地位	0.275	0.042	6.495	**

注：“*”代表达到0.05的显著水平；“**”代表达到0.01的极显著水平。

国内品牌信任”、“消费者个性<-->国内品牌信任”、“消费者认知<-->社会地位”、“国外品牌信任<-->社会地位”。

四、对策建议

本章从两个角度提出对策建议：一是针对乳制品企业提出营销对策，以帮助企业重塑消费者信心；二是对政府和媒体提出建议，希望达到平衡奶业发展的目的。

（一）乳制品企业营销对策

乳制品行业的发展关系到很多的角色，包括乳制品企业、政府以及消费者等，根据角色的差异性提出不同的应对措施，可以更好地促进奶业全面发展。

1. 端正民族企业价值观　核心价值观是引导一个人或者一个主体行为的重要依据，就像是灯塔指引轮航行驶在正确的航道上。这里什么是灯塔，什么又是轮航，而正确的航道是什么？我认为，具有中华民族优良传统的价值观是灯塔，指引着乳制品企业衡量利益与责任的重量。企业是以利益而存在的，但并不是唯利是图的，特别是关乎人身健康与安全的企业，更应该注重责任感的存在，面对着国外乳制品大量流入中国市场的严峻形势，国内乳制品企业不能慌乱，需要端正民族企业的核心价值观，平衡利益与责任。

2. 做好品牌维护工作　品牌的维护不能只存在危机出现的时候，应贯穿于品牌建立的始终。整合营销传播是一种有效的传递渠道，它可以将现有或者潜在的客户通过一切有关品牌或企业的接触联结起来，拉近品牌和消费者之间的关系，在目标群体和公众之中建立知名度，使企业的品牌形象深入人心，整合营销传播从现有或潜在的客户出发，利用一切可以接触到的方式，来影响消费者的行为，以获得协同的优势，能够全面提升品牌维护工作并促进消费者品牌忠诚的形成。

3. 加强生产监管力度　企业需要自我监督，消费者一想到乳制品，就会同“健康、安全、无添加、卫生”等词语联系起来，奶源要健康，生产要卫生，流通要保鲜。

乳制品企业要对质量进行全面监管，可以运用数理统计的方法，将质量管理定量化，用生产过程中的质量监控代替产品质量的后期检验，突出信息管理的重要性，投入技术性研究工作。这一方面伊利、蒙牛企业几乎已经做到，伊利每年都会邀请消费者到工厂参观，亲身体验每一滴奶是如何从牧场到餐桌上的，在工厂里看到的都是大型管道，原料奶通过管道进入加工的机器，员工穿着专业的消毒服、戴口罩手套，机器操作全自动化，员工根据监视屏上显示的数据进行工作，高效率高产出，消费者对伊利的评价也较高，这是其他企业应该学习的。将企业生产过程“透明化”，在一定程度上可以重塑消费者的信任。

4. 勇于创新虚心学习 进口乳制品为何会冲击到中国的市场，仅仅是因为大众对国内品牌失去了信任吗？当危机出现的时候，我们应该做到自我检讨，而不是从外部找借口。我们的经济发展在近些年已经进步了很多，但与发达国家还是有很大差距的，鉴于国情的不同，我国奶业发展的方式还是以小、中、散为主，应该整合资源，引进优良品种，借鉴发达国家家庭牧场的经验，依据我国的国情发展小型家庭牧场。乳制品企业需要更新生产设备，学习先进的生产技术和信息管理，组织员工技术培训，提高企业整体素质，做好创新性发展的工作。

5. 建立危机预警平台 乳制品企业要与政府、媒体以及消费大众保持良好沟通，建立品牌危机预警平台，以防患于未然。当品牌危机出现的时候，企业应积极应对，勇于承担责任，提高沟通效率，最大程度减少损失，并做好品牌维护的工作，以减少忠诚顾客的流失。企业全部成员要时刻保持警觉，认真完成岗位上的工作，不能存在侥幸心理，利用预警平台同时将企业内部环境监控工作和外部沟通工作联系起来。当企业出现品牌危机时，必须将消费者利益放在首位，只有得到社会公众的理解，才能重塑消费者对品牌的信任与忠诚。

（二）平衡奶业发展的建议

1. 政府充分发挥引导作用 提到之前奶业发展的措施，大多是增加对养殖户的扶持补助，加大对企业的资金补贴，这种措施必然会起到缓解资金压力的作用，但往往会造成企业不能自立，投机取巧的行为。国家的政策不能将“扶持、补贴”作为奶业发展的主要支柱，这样既不会促进企业自主创新，在另一方面也会压缩政府在其他事业的财政支出。政府应该引导乳制品企业做好引进来并走出去的准备，我们不能故步自封的发展经济，国外乳制品流入市场与其说是对中国奶业的威胁，不如说是对中国奶业创新发展的机会，应该加强与世界奶业强国的合作交流，虚心学习先进的管理方法和生产技术，辅助看不见的手进行奶业的运作。

2. 媒体充分发挥舆论作用　媒体作为新型的沟通方式，会给社会公众带来第一时间的信息，让消费者了解市场形势，通过媒体形成的舆论影响消费者做出购买行为。乳制品的成长与媒体的舆论作用是离不开的，水能载舟亦能覆舟，媒体既可以将乳制品树立成一个优秀企业的形象，也能将企业内部不可告人的秘密公开给社会大众。消费者大多是通过电视、网络、广播和杂志了解到企业行为，这些都离不开媒体的作用，媒体要发挥监管的作用，督促企业规范自己的行为。在新媒体（微信、微博等）流行的社会形势下，乳制品企业可以参与公益活动，维护良好的企业形象，加大企业宣传的效果，让国内品牌的良好形象深入人心，重塑消费者对国内乳制品品牌的观念和信任。

第六章　北京奶业市场竞争力研究

中国自改革开放以来，特别是进入21世纪和加入世界贸易组织以来，我国农产品贸易形势总体发展状况良好，但是在世界乳业的发展中，各大洲发展不平衡，欧美发达地区优势明显，中国还与之存在很大的差距。因此，中国乳业还存在广阔的发展空间。

经过多年的发展，中国的乳制品行业也逐渐成熟起来，从传统的追求产量效益逐渐开始过渡到重视乳制品质量安全，这对于中国的奶业发展来说，是重大的转变。在这种局势下，北京正大力发展都市型现代农业，这也是首都经济可持续发展的必然要求，是服务首都、富裕农民的必然选择。而北京的奶牛产业又是发展都市型现代农业的重要组成部分，具有不可代替的作用。通过对北京奶牛产业市场竞争力的研究，可以正确把握当前北京奶业发展的状况，在国内市场竞争中所处的地位，如何快速安全地与国际奶业接轨，生产出具有国际标准的优质奶。因此，本文选题的目的就是调查研究分析北京奶业的市场竞争力，通过对北京奶业发展现状的分析，测算出该产业市场竞争力水平，寻找出影响北京奶业市场竞争力的因素，建立市场竞争力指标体系，采用评价模型定量分析北京奶业在国内市场竞争力所处地位及市场竞争力程度，为北京奶业发展提供可靠有用的信息，同时也会对北京奶业健康稳定发展具有指导意义，使其在激烈的竞争环境中具有强劲的竞争力，不仅使北京能在中国成为奶业发达地区，更能让北京在世界奶业方面发展中成为比较有竞争力的国际型城市。

在竞争力方面，大多数的与国际贸易相关的内容，都会从“比较优势理论”入手。美国经济学家波特（Michael E. Porter）提出的“竞争优势论”。大多数学者普遍认为，国际竞争力可以从3个层次上理解，分别包括企业层次、产业层次、国家层次。在关于国际性指标问题的问题上，最广泛运用的还是经济学中比较优势理论，著名经济学家波特的“国家理论”。评价指标和体系则以世界经济论坛年度《全球竞争力报告》及瑞士洛桑国际管理学院的《世界竞争力年鉴》最为著名。

欧美国家的奶业发展水平在世界上是首屈一指的，无论是看奶类人均消费量还是人均占有量都处于国际领先水平。Edwards Geoff（2003）从经济学角度审视澳大利亚乳品市场放松管制的过程，认为地方政府的管制是造成澳大利亚乳品市场割据的主要原因。Murat Isik（2004）研究环境保护法规对美国乳品产业总体布局和企业选址的影响。Dong Diansheng Kaiser、M. Harry（2005）研究折扣券对美国消费者奶酪行为的影响。研究结论是收入高的消费者选择质量更好的奶酪，而规模较大的家庭则倾向于购买价格较低的产品，比较而言，非洲和大洋洲裔的美国人兑换折扣券的比例较低，而亚裔和白种人的兑换行为间无显著差异。

Pat Dillon，Thia Hennessy（2008）提出欧盟的贸易自由化政策将继续推动欧盟牛奶价格下滑，为了使奶业发展具有强劲竞争力，该文章中指出有必要提高奶业的生产效率、奶牛养殖场的规模化程度以及乳制品加工水平。爱尔兰奶业的发展主要是以牧场为基础，奶牛通过在牧场放养的形式喂养。这样可以有效地提高爱尔兰奶业在欧盟范围内的竞争力。KambleAshwiniShankar（2012）分析了印度奶业发展所面临的问题，提出尽管国内畜牧业资源丰富，但是农村的发展影响着整体国民经济的提高，在此突出了印度奶业的奶牛养殖在农村发展中起到了关键作用，也是广大农村居民收入的主要来源。因此，加快农村奶业的发展，提升国内竞争力。

我国奶业发展的相关研究，国内许多学者已经做出了大量的探索和总结工作。经过梳理，大致可以将这些研究成果分为以下几个方面：

1. 中国奶业发展现状与趋势研究 近年来，中国奶业发展尽管遭受到“三聚氰胺事件”沉重的打击，但是各城市的奶业发展很快从阴霾里走出来，更加重视乳制品质量安全、奶牛的规模化养殖以及良种化程度等。程漱兰（2002）总结了我国有外商投资乳品企业 45 家，奶牛分布区域仍以北方为主，中国在很低的基点上起步，尽管当前奶业生产率低下，从长远来看不存在技术和制度激励障碍。尹奕（2005）系统描述了世界乳业及中国乳业的发展过程，重点对陕西省的奶业产业化可持续发展进行了研究，发现该省生产较快、良种化程度高、规模化经营发展态势好等特点。李志强（2009）提出目前我国奶业正处于特殊的发展阶段，在这个阶段中，国内奶业的发展出现不均衡的状态，消费者们对乳制品的需求远远赶不上市面上乳制品的供给量，使其乳制品供需程度不相等。贺燕丽（2010）在《我国乳制品工业发展与展望》一书中首先分析了世界主要国家的乳制品生产、消费和贸易情况，然后针对国内奶业发展的基本情况得出在未来奶源缺口的增加将会促使进口量需求增长，乳制品贸易将会在奶业发展中扮演重要角色。此外，书中还指出在 2015 年我国原料乳产量将会达到 7 500 万吨。张艳明（2010）重点对呼和浩特的奶业发展情况进行了分析，2011 年呼和浩特奶牛存栏 70 万头，牛奶产量 307 万吨，奶牛规模化饲养比例达到 50%。处于全国奶业发展领先地位，占据自然、品牌及政策优势。

2. 我国奶业发展存在问题与对策研究 我国奶业在发展过程中并非一帆风顺，其中也出现许多亟待需要解决的问题。周俊玲（2001）指出我国奶业发展的起点较低、传统消费习惯限制奶类供需，对奶类宣传不到位是我国奶业发展滞后的原因。刘玉满（2006）系统地阐述了我国奶业发展面临的四大风险、四大问题和三大制约因素，主要包括食品质量安全、疫病、饲料管理、市场等方面，提出借鉴荷兰发展奶业经验，走家庭农场之路。倪学智（2008）从整个中国乳品加工工业的角度分析目前存在乳制品质量不稳定、国际竞争力不足、产品品种差别化较低、产能过剩等问题，重点强调了产、加、销三大环节纵向紧密协调，但也不能忽略三大环节内部横向协调关系，只有横向纵向关系协调发展，才能使中国奶业有机统一。何玉成（2010）在《中国乳品产业发展研究》中从原奶生产、乳品加工、乳品消费、乳品产业链关系、乳品市场结构、乳品企业行为及市场绩效等方面进行详细的问题剖析，进而提出了要扶持原奶生产、建立奶业风险管理机制、加强消费引导及对不同规模的企业应合理定位等等政策措施来完善中国奶业发展。马国巍（2011）认为尽管黑龙江是第二产奶大省，但在“三聚氰胺事件”后也暴露出当地乳品企业缺乏产品策略、产业化程度较低、质量保证体系不完善等问题，建议乳企合理布局、加强奶业合作社的建立及重视产品质量体系建设。

3. 北京奶业发展状况研究 北京作为首都、居住人口和流动人口数量都在全国前列，而乳业的发展具有显著的市场优势。孔繁龙等（1998）分析了 1997 年北京奶业出现危机，发现奶牛饲养成本高、劳动生产率低、没有名牌，缺乏竞争力等问题，提出北京怀柔、密云、延庆、昌平的坡地可以作为饲草的来源，还可以延长奶牛产业链等政策建议。刘文奇、杨建尧（2000）认为北京的奶业产业化建设进程中存在产业链条间断，产、加、销脱节、管理不畅等现象。提出在奶业发展上可以采取多元启动、多种模式，群体推进的原则。王可山、洪岚（2008）从北京乳制品市场集中度、流通渠道和需求状况等不同方面考察了北京市乳制品的流通现状，得出北京的乳制品市场流通渠道多样化，汇聚了国内外各大知名品牌，蒙牛、伊利、三元及光明为主导品牌，在品种消费中，酸奶具有广阔的市场潜力。沈文华、杨静（2009）在《北京市乳业经济发展研究》一书中指出了乳业在北京经济发展中的地位和作用，北京地区奶牛单产高于全国平均水平，2005 年大兴区的奶牛平均单产达到 7 519 千克/头，远远超过全国平均水平。但是也面临极大问题，发展空间有限、消费也趋于饱和以及乳企竞争越发激烈等。

4. 关于市场竞争力评价方法研究 国内有关市场竞争力研究方法也有许多，在畜牧业及农产品方面竞争力的研究方法还缺乏一定的创新性。张昱（2003）通过市场占有率、基于进出口数据指标、盈利水平等指标来测算农产品的市场竞争力。赵梦珺（2005）在分析中国奶业竞争力时用了波特的钻石模型，从而得出了影响我国奶业竞争力发展的因素。徐爱国（2009）在大庆市奶业市场竞争力的研究中，通过建立奶业市场竞争力的指标，并且分别采用了模糊评判和层次分析法两种研究方法来确定大庆奶业市场竞争力程度。毕宇晓（2009）在奶牛养殖业和乳品加工企业两个方面采用 SWOT 分析法来研究泰安市泰山区奶业发展。刘淑梅（2013）通过统计方法、因子分析、回归法等计量方法，对中国农业竞争力在世界主要国家中的地位作出评价。刘芳、危薇（2013）采用国际市场占有率、贸易竞争力指数及显示性竞争优势指数来测算中国奶牛产业国际竞争力。

通过对国内外相关学者在奶业方面的研究，发现现阶段关于我国奶业发展的现状、问题等方面的研究比较多，但绝大部分是笼统地描述我国奶牛的生产量、乳制品消费及贸易基本情况。也有部分从奶业产业链的角度对我国奶牛产业的发展进行论述，其中也涉及乳制品质量安全、品牌效应对我国奶业的冲击。在中国地方的奶业发展中，也存在相互竞争的局面，部分学者通过采用竞争力评价指标对内蒙古、黑龙江、新疆等奶业大省进行了分析，但是对于北京奶业发展，只有少数学者对其进行研究，仅仅从奶业的基本生产状况、消费需求及流通渠道等角度来进行论述。为了能使北京奶业能够健康正常地发展，使其市场竞争力程度增加，在此过程中有更充分的理论依据、实证依据。本章将在定性分析的基础上建立奶业市场竞争指标体系，采用评价模型来定量分析北京奶牛产业的市场竞争力。

如何确定北京奶业市场竞争力程度是本文研究的核心。首先通过奶牛业生产概况、乳制品供需概况及奶牛产品贸易概况来分析北京奶业发展现状；其次根据市场占有率、成本利润率、资产报酬率及区位商来测算北京奶业竞争力变化趋势；重点运用波特钻石理论构建北京奶业市场竞争力评价指标体系，在此基础上通过主成分分析法找出影响因素将其排序归类。将众多的变量指标降维后，在采用聚类分析的方法讨论北京奶业在我国奶业所处地位。经过以上分析后，总结得出北京奶业市场竞争力程度，从而提出加强北京奶业市场竞争力的政策建议，使北京奶业健康稳定发展，该研究的技术路线见图 6－1。

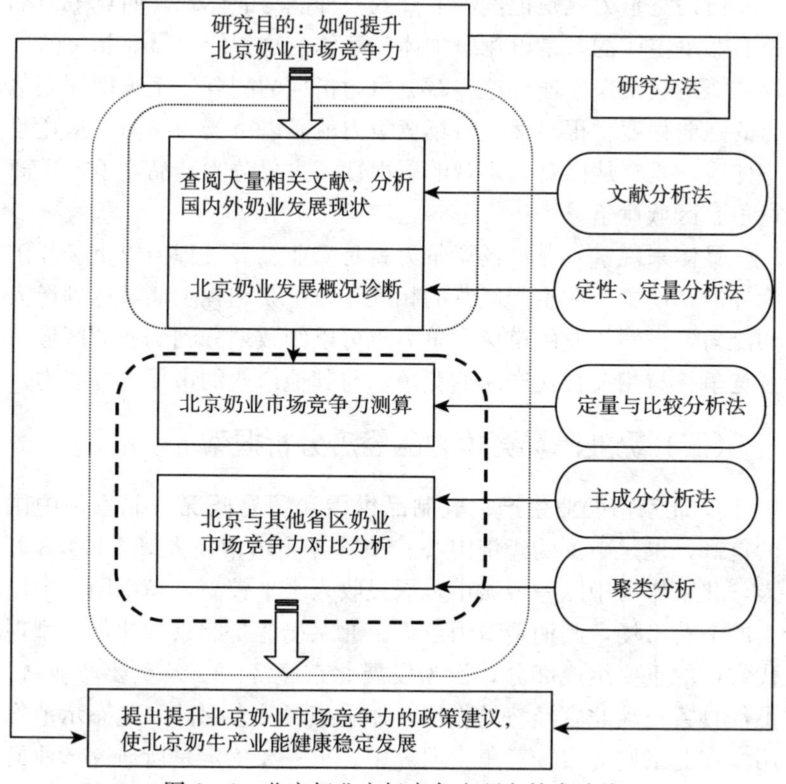

图 6－1　北京奶业市场竞争力研究技术路线

一、奶业市场竞争力研究的理论内涵和经济分析框架

（一）市场竞争力的内涵

竞争可以从不同角度来加以定义，这些角度分别是生物学、经济学。他们所定义的范围都不会超出基本范畴，都是为了自身的利益，获得某些财物，相互去角逐争夺。这种个人或集体的相互争胜就是传统的竞争。

所谓竞争力就是把竞争上升到一种能力的体现，而竞争力都是有竞争主体的，是以竞争主体为载体。这种能力需要相关的指标才能量化出来，通过这些对竞争力指标的测算，正确把握竞争力的强弱程度。很显然，市场竞争力就是以市场为导向，从竞争主体看，具有从微观到宏观的层次性，主要分为产品竞争、厂商竞争、区域竞争。

具体来说，奶业市场竞争力就是奶业发展过程中以市场经济为导向，使奶业在生产经营的相互竞争中获利程度能够达到最大的能力，当然奶业的市场竞争力也可以细致划分到奶业的区域市场竞争、与相关替代产品的竞争、与其他产业的市场竞争能力。

（二）奶业市场竞争力的经济分析框架

1. 北京市奶业生产、乳制品供需和贸易概况 北京是中国的首都，也是中国的经济中心。2013 年全市常住人口 2 114.8 万人，北京作为中国一线城市，居民收入水平较高，是中国一个巨大的消费市场，其消费潜力巨大。北京奶业是北京构建都市型现代农业的重要组成部分，作为发展北京经济的一条重要产业链，不仅具备拉动北京经济的作用，还承担了社会保障和生态示范作用。在北京奶业市场竞争力研究中，首先要确定是所研究产业的范围，才会使论文的研究结果具有现实意义。本文将会对北京奶

业的生产、乳制品供需、贸易等方面进行分析比较，从而诊断出北京奶业分别在奶牛养殖阶段、乳制品生产阶段、乳制品消费阶段及相关产业贸易方面的基本发展情况，对北京奶业发展有整体的把握。

2. 北京奶业市场竞争力测算　所谓竞争力就是指把竞争实力、竞争潜力转化为市场占有率、竞争优势的能力。本文对北京奶业市场竞争力测算上主要通过计算市场占有率、成本利润率、资产报酬率及区位商等指标从不同层面上对北京奶业竞争力变化趋势进行分析。

市场占有率是反映市场竞争力中最直接最简单的测算指标，市场占有率越高，市场竞争力越强，成本利润率主要反映奶牛生产环节所消耗的全部资源的净回报率，资产报酬率则反映乳品企业资金创利能力的高低，数值越高，代表企业创利能力越强，区位商可以反映出北京奶业在全国是否具有一定地位的产业优势及专业化程度，该指标大于1，说明北京奶业发展在全国占据地位较大，专业化程度更强。

3. 北京与其他省区奶业市场竞争力对比分析　通过对北京奶业近年来的市场占有率、成本利润率、资产报酬率及区位商等指标的分析，已经初步地发现北京奶业市场竞争力在近年来的发展趋势，为了更加深入的研究该竞争力的内在影响因素及市场竞争力程度，需要进一步与中国其他省区的奶业发展进行对比。这也是北京奶业市场竞争力研究的重点内容。在此部分中，首先通过波特钻石模型理论来构建奶业市场竞争力评价指标体系，然后再根据主成分分析法找出其主要影响因素进行分类排序，将指标降维后采用聚类分析方法评价出北京奶业市场竞争力程度高低以及判断出北京奶业市场竞争力在全国奶业发展所处在地位。运用相关理论如下：

波特钻石模型理论是迈克尔波特教授在1990出版的《国家竞争优势》书中提出。波特钻石理论的相关研究涉及十几个贸易国家，涵盖了百种产业。该理论主要包括了4个决定要素（生产要素、需求条件、相关辅助产业状况，以及企业战略、结构或竞争对手）和两个辅助要素（机会和政府）。根据波特钻石理论可以构建奶业市场竞争力评价指标体系。

主成分分析法可以有效地将众多影响北京奶业市场竞争力因素的指标更加系统化的分类，更加真实且全方面地反映出影响该产业竞争力的因素，主成分分析法的核心理念正是将众多变量转化为核心变量，使其能够直观地将整体信息呈现出来。通过降维，更加准确清晰的分析出影响北京奶业市场竞争力的关键因素。本文在第四部分采用了主成分分析法，进一步明确北京奶业市场竞争力的主要影响因素。

聚类分析也称群分析、点群分析，是在某种方法或准则的基础上对一组样本或变量进行分类的一种多元统计方法。使用该方法划定奶业市场竞争力一般包括指标选取、相似性计算、结果分析3个步骤。将聚类分析法应用在评价北京奶业市场竞争力在全国所处地位的过程中，将我国30个大中城市的奶业竞争力划分成不同程度区域，确定北京奶业发展所在位置及市场竞争力程度。

二、北京奶业贸易概况

（一）种公牛、冻精进口量较大

北京奶业外贸发展中，主要是对改良种牛、牛冷冻精液的进口，出口极少。而在进口种公牛和冻精上，北京在全国属于进口量较大的地区，全国主要进口种公牛的城市有内蒙古、辽宁、新疆、河北及北京，主要进口冻精的城市有北京、黑龙江、内蒙古、山东等，北京进口冻精数量最多，目前全国大多数城市均从北京购入冻精。北京主要从澳大利亚、美国等国家进口种公牛，为了保证血统纯正，从澳大利亚进口纯种利木赞青年公牛、活体优秀西门塔尔种公牛、活体夏洛来种公牛，美国进口活体验证公牛、纯种优秀娟姗种公牛、活体优秀瑞士褐牛种公牛等多个品种。

从表 6-1 可以看出，2004 年全国进口种公牛的数量急剧上升，创造了历史纪录，达 132 438 头。但北京进口种公牛数量却同比减少 29.6%，2006 年减少到 2 600 头；2008 年北京进口种公牛的最低谷，进口数量为 122 头；2009 年急速上升，2011 年增长到 2 272 头，可见恢复速度较快。种公牛的进口额也随着进口量的逐步恢复，近年来也有所提升，2011 年为 672.13 万美元，同比增加 9%。

表 6-1　种公牛、冻精进口量

年份	改良种牛				牛冷冻精液			
	全　国		北　京		全　国		北　京	
	进口量（头）	进口额（万美元）	进口量（头）	进口额（万美元）	进口量（千克）	进口额（万美元）	进口量（千克）	进口额（万美元）
2003	50 007	7 182.92	15 356	2 102.84	—	—	—	—
2004	132 438	19 062.39	10 816	1 576.88	—	—	—	—
2005	49 586	7 429.63	1 630	266.40	323	957.96	101	11.56
2006	15 067	2 430.18	2 600	419.55	1 857	2 371.51	1 534	110.43
2007	14 744	2 898.20	4 524	720.49	1 189	444.01	825	168.23
2008	15 075	3 420.47	122	88.61	1 811	278.90	1 556	180.50
2009	37 453	7 523.38	897	308.75	2 106	445.23	1 962	272.68
2010	87 990	19 301.74	2 583	616.05	4 405	1 231.80	4 121	637.75
2011	99 348	26 209.99	2 272	672.13	5 620	1 339.93	5 205	1 061.05

数据来源：中国奶业统计年鉴 2012。

在进口冻精方面，2005 年我国进口量不大，仅为 323 千克，北京为 101 千克，占全国 31.3%；2006 年全国牛冷冻精液量进口出现较大幅度上升，达到 1 857 千克，比 2005 年增加了 5.7

倍，这是由于中国政府的冻精招标中、美国的 WWSCRI、加拿大的亚达公司等均中标获得订单，大大提高我国进口冻精数量，北京进口冻精为 1 534 千克，是全国的 82.6%，占据全国主要份额。随后几年北京冻精进口不断上升，2011 年为 5 205 千克，占全国 92.6%，数量增长趋势明显。2005 年冻精进口额仅为 11.56 万美元，近年来冻精的大量进口，使进口额急速飙升，2011 年高达 1 061.05 万美元，同比增长 66.4%。

（二）乳制品出口较少，干乳制品进口量明显

乳制品进出口贸易中，我国的乳制品出口量非常少，还处于起步阶段，主要是进口乳制品为主。北京在干乳制品有一定的出口量，但其数量极其低低，2008 年全国干乳制品出口量为 15 905.95吨，北京的出口量为 19.07 吨，其中全国奶粉出口为 9 737.53吨，北京仅为 10 吨。可见北京的乳制品出口中占据份额极少。

北京进口乳制品包括干乳制品（干酪、炼乳、乳清、奶油）、液态奶（酸奶、鲜奶）。从图 6－2 可以看到进口的干乳制品中乳清量最大，且比重明显，2011 年乳清进口量占全部乳制品进口

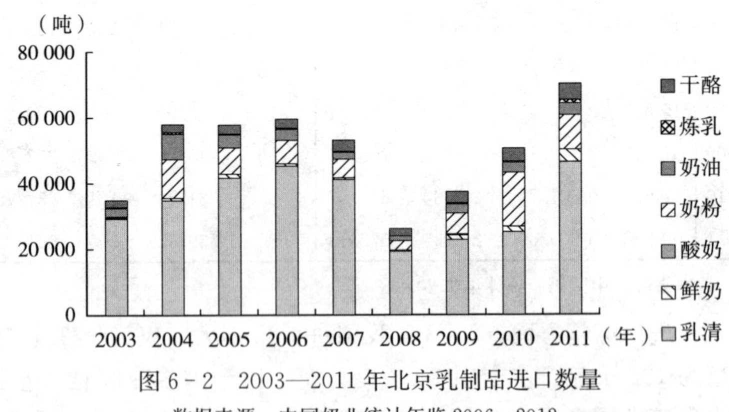

图 6－2　2003—2011 年北京乳制品进口数量

数据来源：中国奶业统计年鉴 2006—2012。

量的 66%，其次是奶粉、干酪、奶油等。2003—2006 年北京乳制品进口量逐步增加，2008 年乳制品进口均大幅下降，但随后便有所上升，2009 后出现恢复性增长，到 2011 年增长速度显著，北京乳制品进口量达到 70 349.32 吨，同比增加 39.2%（图 6-2）。

本章通过对北京奶业发展历程的回顾和近年来北京奶业基本情况的分析，发现北京奶业起步较早，最初发展规模较小且奶牛饲养水平也不高。但是经过多年的发展，随着国家整体经济水平的提高，北京奶业也得到了前所未有的突飞猛进，尽管在这几十年的发展过程出现波折，“三聚氰胺事件”沉重的打击，但是这种前进的步伐从未停止。现阶段北京奶业已经基本完成了从传统奶业模式转型到现代化养殖，形成了京北、京南两条奶牛产业带。近年来在奶业生产方面，奶牛存栏量有小幅回落、牛奶产量相对平稳，但规模化程度在逐步加大；北京乳制品供需方面，乳制品生产的数量在快速增加，可以看出城镇居民对乳制品的消费正在急剧上升，当然北京的农村居民对乳制品的消费量也远远超过了全国农村居民消费的平均水平；在乳制品贸易方面，北京的种公牛、冷冻精液的进口量较大，干乳制品的进口量也很明显。总的来说，现代化的养殖方式为北京奶业发展起到助推的作用，北京奶业前景可观。

三、北京奶业市场竞争力测算

奶业发展是一条较长的产业链，通过对北京奶业发展的基本情况的分析，发现近年来北京奶业在生产阶段、乳制品供需方面、进出口贸易方面都有一定程度变化与提升。因此，需要进一步对北京奶业市场竞争力进行测算，观察出近年来北京奶业市场竞争力的程度，从而了解未来走势。该市场竞争力的测算主要通过 4 个指标，来反映北京奶业不同层次阶段的竞争力程度。

（一）北京奶业市场竞争力测算指标体系构建

根据不同行业对市场竞争力所采用的测算指标，主要包括：市场占有率、产品销售率、产品外销率、国际市场相对占有率、资产利润率、资金占有份额等多种指标，这些指标均涉及了市场份额、生产规模及盈利能力。

奶业发展有一个较长的产业链，为了测算出北京奶业发展不同阶段的市场竞争力，根据北京奶业实际发展的情况，本文在北京奶业市场竞争力测算中主要通过4个指标进行计算，分别为市场占有率、成本利润率、资产利润率及区位商。市场占有率从种公牛、冻精的进口、北京牛奶产量及乳制品产量的市场份额加以计算；成本利润率主要反映奶牛生产环节所消耗的全部资源的净回报率；资产报酬率则反映乳制品企业资产的利用效率与盈利水平；区位商可以反映出北京奶业在全国是否具有一定地位的产业优势及专业化程度。如果北京奶业区位商大于1，则该产业在北京就具有明显的比较优势（表6－2）。

表6－2　北京奶业市场竞争力测算指标体系

指标名称	涵　义	测算公式
市场占有率	反映一省、自治区（直辖市）乳制品行业的市场份额，表明一省、自治区（直辖市）在全国的市场地位	市场占有率＝某省、自治区（直辖市）乳制品行业产值/全国乳制品行业产值
成本利润率	反映奶牛产业生产中环节所消耗的全部资源的净回报率	成本利润率＝净利润/总成本×100％
资产报酬率	是指乳制品加工企业在一定时期内实现的全部利润占全部资金来源的比重，反映乳品企业资金创利能力的高低	资产报酬率＝某省、自治区（直辖市）乳制品企业利润总额/某省、自治区（直辖市）乳制品企业资产总额

（续）

指标名称	涵　义	测算公式
区位商	反映出一省、自治区（直辖市）乳制品行业在本省、自治区（直辖市）的相对地位及与国内其他省、自治区（直辖市）相比的专业化优势。该指标大于1，即说明乳制品行业在本省、自治区（直辖市）的行业地位相比乳制行业在全国的地位更高，专业化程度更强	某省、自治区（直辖市）区位商＝［某省、自治区（直辖市）乳制品行业产值/某省、自治区（直辖市）国内生产总值］/（全国乳制品行业总产值/全国国内生产总值）

（二）北京奶业市场竞争力测算

1. 市场占有率　市场占有率即市场份额，它在很大程度上反映了北京奶业的竞争地位和盈利能力，是北京奶业市场竞争力测算的一个重要指标。主要从种公牛、冻精进口量、牛奶产量、乳制品产量3个方面来进行计算。

从表6-3的计算数据可以看出，2005—2011年北京牛奶产量市场份额整体走势出现缓慢下降，2005年的牛奶产量市场份额最高；2006年下降为1.87%，同比减少16.5%；2011年为1.68%，体现出北京奶业在牛奶生产上的竞争地位在逐步降低。在乳制品产量方面，2007年北京乳制品产量的市场份额较高，随后有所下降；2008年为2.54%，同比减少21.6%；到2011年为2.46%，相对稳定。说明近几年北京乳制品产量的市场份额相对稳定。北京种公牛、冻精进口量的市场份额却呈现出上升趋势，且冻精进口量的市场份额拥有绝对的竞争优势。2007年北京种公牛进口市场份额创出历史最高点，到达30.68%；2008年又出现急剧下降到0.81%；到2011年又增加到2.29%，北京奶业在种公牛进口的市场竞争力会有所提高。北京冻精进口量在2005年为31.27%；2008年增长到85.92%，同比增加23.8%；2011年更增加到92.62%，可见北京奶业在冻精进口的市场竞争力优势非常明显且盈利能力较大。

表6-3　北京奶业市场占有率

市场占有率	2005	2006	2007	2008	2009	2010	2011
牛奶产量市场份额（%）	2.24	1.87	1.71	1.76	1.80	1.71	1.68
乳制品产量市场份额（%）	—	—	3.24	2.54	2.70	2.42	2.46
种公牛进口市场份额（%）	3.29	17.26	30.68	0.81	2.40	2.94	2.29
冻精进口市场份额（%）	31.27	82.61	69.39	85.92	93.16	93.55	92.62

数据来源：中国奶业年鉴2012及中国奶业协会信息网。

2. 成本利润率　成本利润率是反映奶业生产中所消耗的全部资源的净回报率，受到原料奶收购价格、原奶销售量、产品结构变化等因素的影响，奶业市场竞争力中奶牛饲养投入产出水平的指标，可以综合衡量奶牛饲养和销售原料奶的全部得与失的经济效果，为不断降低产品成本和提高成本利润率提供参考，更能反映出北京奶业在奶牛饲养阶段的市场竞争力程度。

根据数据的有效性及完整性，本文分别选取了北京中规模、大规模的奶牛生产成本率进行分析。从图6-3可以看出，2005—2011年北京中规模奶牛生产成本利润率有所降低，全国的中规模奶牛生产成本率从2007年开始逐年上升。2005年北京的奶牛生产成本利润率为历史最高点，高达55.86%，全国却仅有22.55%，超出全国33.3%，体现出当年北京奶牛生产的盈利能力较强。2005—2009年期间北京奶牛生产成本利润率均大于全国的奶牛生产成本利润率，市场竞争力优势显著，2010年出现下降趋势，2011年为18.43%，全国为29.4%，低于全国的中规模奶牛生产成本利润率，可见北京奶业的中规模奶牛生产上的市场竞争力优势在减弱。

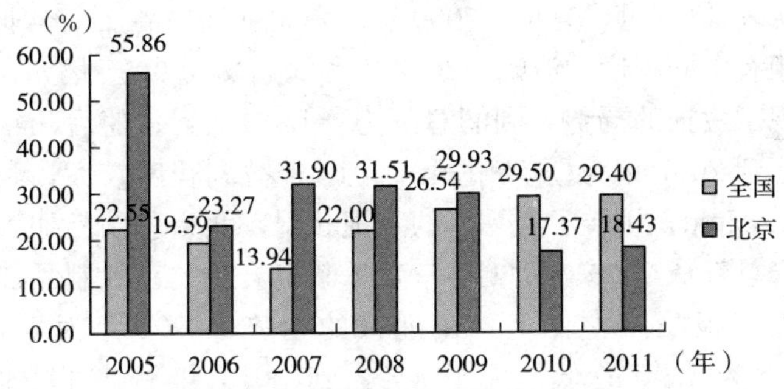

图 6-3　中规模奶牛生产成本利润率

数据来源：全国农产品成本收益资料汇编 2006—2012。

北京大规模奶牛养殖成本利润率基本保持 20%以上。2008—2012 年呈现出下降趋势，2013 年回升达到 27.68%，盈利能力加强，市场竞争优势在逐步扩大（图 6-4）。

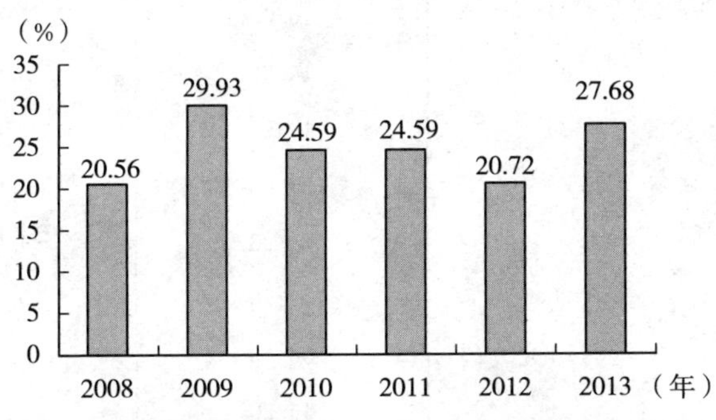

图 6-4　大规模奶牛生产成本利润率

数据来源：全国农产品成本收益资料汇编 2006—2012。

3. 资产报酬率　资产报酬率表示乳制品加工厂商全部资产获取收益的高低，全面反映了乳品加工厂商的投入产出状况和获利程度。通过对该指标的分析，可以增强各方面对乳制品加工企业资产经营的关注，从而判断出乳制品加工企业市场竞争力程度。该指标越高，表明乳制品加工企业投入产出的水平越好，乳制品加工企业的资产运营越有效，市场竞争力越高。

从表6-4可以看出，2000年以来北京乳制品加工企业的利润总额有不同程度的波幅，2002年利润总额为0.86亿元；2004年出现了亏损的局势，利润总额为-1.01亿元；随后几年有所盈利，到2007年为0.51亿元；2010年盈利程度较大，利润总额为1.35元，扭转了上一年的亏损状况，北京乳制品加工企业的资产总额从2000—2011年一直不断上升。北京乳制品加工企业的资产报酬率整体呈现出递减的趋势，2001年为5.93%，2004年为历年最低，为-4%，到2013年资产报酬率为-0.59%，可见北京乳制品加工企业投入产出的水平在减弱，市场竞争力程度不高。

表6-4 北京乳品加工企业资产报酬率

年份	企业利润总额（亿元）	资产总额（亿元）	资产报酬率（%）
2000	0.64	16.03	4.01
2001	0.88	14.90	5.93
2002	0.86	19.27	4.44
2003	0.23	23.03	0.98
2004	-1.01	25.23	-4.00
2005	0.26	34.95	0.75
2006	0.21	38.13	0.56
2007	0.51	46.20	1.10
2008	0.07	43.96	0.15
2009	-0.05	60.01	-0.08
2010	1.35	64.68	2.08
2011	0.73	71.61	1.02
2012	0.47	72.61	0.65
2013	-0.44	74.32	-0.59

数据来源：中国奶业年鉴。

4. 区位商　区位商是一个综合性指标，能反映出一省、自治区（直辖市）奶业发展在本省、自治区（直辖市）的相对地位及与国内其他省、自治区（直辖市）相比的专业化优势。该指标大于1，即说明奶业发展在本省、自治区（直辖市）的行业地位相比其他省、自治区的奶业发展在全国的地位更高，专业化程度更强，市场竞争力优势明显。

在2000—2011年期间北京乳制品加工企业产值整体呈现出上升趋势，2004年为16.48亿元；2005年上升幅度较大，增长到31.73亿元，同比增加92.5%；2013到产值达到97.49亿元。北京的国内生产总值也逐年增加（表6-5）。

表6-5　乳品加工企业和国内生产总值情况

年　份	乳品企业产值（亿元）		国内生产总值（亿元）	
	全　国	北　京	全　国	北　京
2000	195.45	11.85	99 214.55	2 478.76
2001	291.68	12.15	108 068.2	2 845.65
2002	373.63	15.86	120 332.7	3 212.71
2003	521.82	16.71	135 822.8	3 663.1
2004	663.25	16.48	159 878.34	6 060.28
2005	891.21	31.73	184 937.37	6 969.52
2006	1 074.23	37.82	216 314.43	8 117.78
2007	1 329.01	34.03	265 810.31	9 846.81
2008	1 490.71	35.51	314 045.43	11 115
2009	1 668.11	38.49	340 902.8	12 153.03
2010	1 949.50	40.11	401 512.8	14 113.58
2011	2 361.08	46.49	472 881.6	16 251.93
2012	2 501.97	83.64	519 470.1	17 879.40
2013	2 831.59	97.49	568 845.2	19 500.56

数据来源：中国奶业年鉴2006—2012，中国统计年鉴2012。

北京奶业的区位商值在过去 14 年中呈现出下滑趋势，2000 年区位商值最高，达到 2.43，2003 年下降为 1.19，但是值均大于 1，说明在这 4 年里奶业发展在北京的行业地位相比其他省、自治区的奶业发展在全国的地位更高，专业化程度更强，市场竞争力优势明显。但是 2004 年区位商值却下降到 0.66，2006 年上升到 0.94，不过 2007—2011 年缓慢降低，2011 年为 0.57，数值均小于 1，期间北京奶业发展专业化程度在降低，市场竞争力程度在减弱；2011 年以来，北京奶业区位商在提升，到 2013 年达到 1，北京奶业发展专业化程度在加强，市场竞争力优势逐步显现（图 6 - 5）。

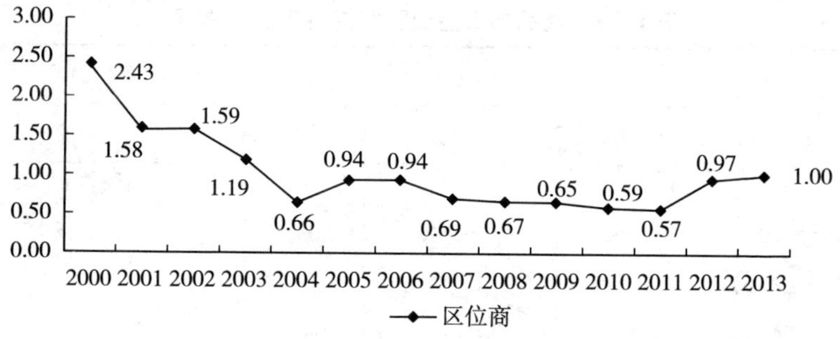

图 6 - 5　北京奶业区位商值

本部分通过对北京奶业近几年市场占有率、成本利润率、资产报酬率及区位商 4 个指标的计算，发现现阶段北京奶业发展的整体市场竞争力程度在逐步减弱，但是其中北京奶业的冻精发展的市场竞争力较大，竞争力优势较明显。北京奶业的中、大规模的奶牛饲养生产环节具有一定的竞争力潜力。

（三）北京与其他省、自治区奶业市场竞争力对比分析

从对北京奶业市场竞争力的测算中，发现近年来该市场竞争力呈现出减弱趋势，这种减弱趋势仅仅是停留在北京过去 12 年中的一个发展变化的情况，不能说明北京奶业的发展在全国范围

内市场竞争力程度。因此，需要将北京与其他省、自治区的奶业市场竞争力进行对比分析，才能更加客观地观测出北京奶业在全国市场竞争力中优势与劣势，找出影响北京奶业市场竞争力的因素，合理确定北京奶业发展地位。

1. 构建北京奶业市场竞争力评价指标体系的原则 北京奶业市场竞争力评价指标体系就是根据各区域的奶业市场竞争力的发展潜力及影响因素构建起来的指标体系，从而对北京的奶业市场竞争力的程度及地位进行综合判断的过程。通过前面的分析能够观察出，近几年来北京奶业市场竞争力的走势，体现出来的仅仅是某方面的一个趋势变化，并不能直观地反映出影响北京奶业市场竞争力的内在因素，以及市场竞争力的程度，这些都需要通过准确清晰的评价指标体系来进行对比分析，使其北京奶业市场竞争力真实情况更加直观地呈现出来，研究结论更具有可信性。建立评价指标体系原则如下：

（1）理论性原则。为了更加准确的评价出北京奶业的市场竞争力，因此，必须要构建一个具有科学性且理论性强的评价指标体系，能够充分反映出奶业市场竞争力中真正的本质和内涵，能够体现出各区域奶业竞争力的真实情况，各个评价指标之间必须要清晰地表明奶业发展的不同层面，避免重复指标的出现。

（2）代表性原则。不同的指标所反映出奶业发展的不同层次及不同内容特征，针对某一方面的特征不能选取过多指标去解释说明，以免在综合评价中失去原本评价的重心。因此，在奶业市场竞争力的各个方面需要认真度量，比如在乳制品加工企业的盈利能上，指标个数不宜太多，选择可以直接突出影响盈利能力的指标。

（3）可操作性原则。构建出来的评价指标体系，必要具备可操作性。选择出来的指标能够用相关数据来说明，这些数据必须真实可靠，且具有可行性。因此，数据来源最好出自国家相关统计部门的公开数据。在选择计算方法上也必须合理科学，具有说服力，有效地将各区域的奶业发展情况进行比较分析，研究结论符合实际发展。

2. 北京奶业市场竞争力评价指标体系的构建 根据奶业市场力的相关理论内涵和影响其市场竞争力程度的因素，在以上构建评价指标体系的原则指导下，借鉴了有关学者在市场竞争力方面的研究成果及构建评价指标体系的方法，本文有效地结合波特钻石理论从生产要素、企业战略表现、相关产业效应、需求状况及市场环境5个方面构建了奶业市场竞争力评价指标体系。

生产要素方面主要选择奶牛存栏量、牛奶产量及100头以上饲养户个数，分别反映了奶牛在饲养阶段的劳动力资源、奶牛生产能力、奶牛饲养的规模化程度。企业战略表现方面主要选取乳制品企业个数，可以反映出区域的企业规模大小、乳品企业的利润总额直接体现出企业盈利能力，资产总额可以看出企业运营实力，牛奶销售价格表明企业产品在市场销售能力，乳制品产量反映出企业整体产出实力。相关产业方面主要选取两个指标，分别为饲料加工企业利润总额和饲料产业，分别代表饲料业的盈利能力和产出实力。需求状况主要是城镇、农村居民的人均乳制品消费支出及消费量，反映出城镇、农村的乳制品市场消费规模。最后在市场环境方面通过城镇居民的可支配收入、食品消费支出及农村居民人均纯收入反映在居民的整体消费能力，如表6-6所示。

表6-6 奶业市场竞争力评价指标体系一览表

要素	指标编号	指标名称	指标含义
生产要素	X_1	奶牛存栏量（万头）	反映饲养劳动力资源
	X_2	牛奶产量（吨）	反映生产能力
	X_3	100头以上养殖户个数（个）	反映奶牛饲养规模化程度

（续）

要素	指标编号	指标名称	指标含义
企业战略表现	X_4	乳制品企业个数（个）	反映乳制品企业规模
	X_5	乳制品企业利润总额（亿元）	反映乳制品企业盈利能力
	X_6	乳制品企业资产总额（亿元）	反映乳制品企业运营实力
	X_7	袋装鲜奶销售价格（元/500 克）	反映乳品市场销售能力
	X_8	乳制品产量（万吨）	反映乳制品企业产出实力
相关产业	X_9	饲料加工企业利润总额（亿元）	反映相关产业盈利能力
	X_{10}	配混合饲料产量（万吨）	反映相关产业产出实力
需求状况	X_{11}	城镇居民人均乳制品消费支出（元）	反映城镇市场消费规模
	X_{12}	农村居民人均乳制品消费量（千克）	反映农村市场消费规模
市场环境	X_{13}	城镇居民人均可支配收入（元）	反映城镇实际消费能力
	X_{14}	城镇居民人均食品消费支出（元）	反映城镇潜在消费能力
	X_{15}	农村居民人均纯收入（元）	反映农村实际消费能力

3. 北京奶业市场竞争力影响因素分析

（1）评价方法选择及数据来源。在北京奶业市场竞争力的评价指标体系的建立基础上，选择正确的市场竞争力的评价方法对本文的研究结果起到非常重要的作用。目前很多研究中采用的有模糊综合评价法、层次分析法及主成分分析等分析方法较多。本文在北京奶业市场竞争力评价中，为了更加全面、系统地分析问题，建立了 15 个相关评价指标，这些指标在不同程度上都反映出所研究问题的某些信息，且每个指标之间也存在彼此的联系及相关性，比如乳制品加工企业的利润总额与乳制品产量就存在相关性。因此，所有指标所反映的信息里会出现某些重叠现象。主成分分析法正是这种能够处理数据的多维方法，切实地把多个指标转化为少数几个综合性的指标，真正地解决评价指标的客观赋权和评价指标间的相关性问题，以较少的变量来得到较多的信息。

在北京奶业市场竞争力评价中，本文根据数据的完整与可利用性，主要对我国华北、东北、华东、中南、西南、西北等地区所涉及的30个省、自治区及直辖市奶业市场竞争力进行对比分析，其中均包括了奶业较发达的地区及奶业发展较缓慢的地区，更加有效地体现出北京奶业发展在中国的市场竞争力程度。由于在整理各项数据时《中国奶业年鉴2013》还没有出版，所以本文的各个指标原始数据主要来源于《中国奶业年鉴2012》中的数据，并运用SPSS19.0软件对原始数据进行主成分分析。指标数据见附表1。

（2）指标数据处理。

第一步：数据的标准处理。通过对所有数据的收集和整理发现15个指标中有表示数量的，有表示重量的，有表示金额的，还有表示价格等不同的数据性质，对此为了让各个指标能够正确反映不同作用力的结果，数据的标准化处理是必不可少的。为避免因量纲和数量级的差异导致的不合理影响，文本利用SPSS19.0软件把15个变量指标的原始数据进行标准化处理，经过这样的数据处理可以将原始数据指数化，使其统计方法分析能够固定在同一标准中，呈现出更加准确有效的数据结果。数据标准化结果见附表2。

第二步：主成分分析法的适用性检验。为了验证所使用的数据能否适合作主成分分析，首先需要进行KMO* 检验，该检验

---

* KMO（Kaiser－Meyer－Olkin）检验统计量是用于比较变量间简单相关系数和偏相关系数的指标。KMO统计量是取值在0和1之间。当所有变量间的简单相关系数平方和远远大于偏相关系数平方和时，KMO值接近1.KMO值越接近于1，意味着变量间的相关性越强，原有变量越适合作因子分析；当所有变量间的简单相关系数平方和接近0时，KMO值接近0.KMO值越接近于0，意味着变量间的相关性越弱，原有变量越不适合作因子分析。

主要是对所构建变量间相关系数与偏相关性的检验和对比，表6－7是将标准化后的数据导入SPSS19.0运算的结果，可以看到KMO值为0.734大于0.5，这个值完全适合Kaiser给出的KMO度量标准。因此，该样本数据可以采用主成分分析法。此外，还能看到Bartlett球形检验值是561.438，105是自由度，p值是0.000，该p值小于0.05，说明原假设不成立，达到显著性水平，可以进一步明确适合进行主成分分析。

表6－7　KMO与Bartlett检验

KMO	0.734
Bartlett的球形度检验	561.438
df	105
Sig.	0.000

第三步：共同度分析。在通过KOM检验过后，需要进行共同度分析，通过共同度分析可以判断出选取的变量信息是否丢失。从表6－8可以看出，运用SPSS19.0主成分运算时按照特征根>1来提取，第二列为初始解，第三列为提取值，这里第三列的数据越大，或越接近于1，说明主成分提取改变量的信息越多，丢失的信息越少。如果数据值<0.6说明共同度低，变量信息丢失较为严重。

表6－8　公因子方差一览表

变量代码	变量名称	初始解	提取
X_1	奶牛存栏量	1.000	0.817
X_2	牛奶产量	1.000	0.962
X_3	100头以上养殖户	1.000	0.911
X_4	乳制品企业个数	1.000	0.871
X_5	乳制品企业利润总额	1.000	0.859

（续）

变量代码	变量名称	初始解	提取
X_6	乳制品企业资产总额	1.000	0.780
X_7	袋装鲜奶销售价格	1.000	0.732
X_8	乳制品产量	1.000	0.911
X_9	饲料加工企业利润总额	1.000	0.848
X_{10}	配混合饲料产量	1.000	0.908
X_{11}	城镇居民人均乳制品消费支出	1.000	0.787
X_{12}	农村居民人均乳制品消费量	1.000	0.551
X_{13}	城镇居民人均可支配收入	1.000	0.957
X_{14}	城镇居民人均食品消费支出	1.000	0.902
X_{15}	农村居民人均纯收入	1.000	0.860

从表6-8所显示出来的第三列数据可知，此时所有的变量共同度还算较高，有11个变量大于0.8，其中X_2、X_3、X_8、X_{10}、X_{13}、X_{14}变量均大于0.9。因此，可被解释，信息丢失较少。只有一个X_{12}（农村居民人均乳制品消费量）变量信息丢失严重（55%），但是不影响总体效果。因此，本次主成分提取总体效果较理想，各变量的信息提取也比较充分。

（3）构建评价模型。

第一步：提取影响北京奶业市场竞争力的主成分。所有变量的标准化数据在经过检验和共同度分析过后，就可以构建北京奶业市场竞争力影响因素的模型，首先提取其主成分。表6-9中显示出，提取平方和载入的累计百分比与旋转平方和载入的累积百分比完全一致，说明本文所构建的15个变量没有因旋转而变化。前3个成分的特征根大于1，且累计方差贡献率达到84.368%，体现出这3个主成分已经能充分地显示出原15个指标变量中所包含的相关信息。其中第一个成分的特征值最高，方差贡献率为 40.93%，也是最高，因此对原有变量的解释贡献也最大，其次是第二、三的主成分，从第四个成分以后的特征值均小于 1，对解释原有变量的贡献很小，可以被忽略，提取前 3 个主成分最为合适。而这 3 个主成分也能充分地反映出本次奶业市场竞争力中的变量信息，因此提前 3 个影响北京奶业市场竞争力的主成分。

表 6-9　解释的总方差

成分	初始特征值			提取平方和载入			旋转平方和载入		
	合　计	方差的（%）	累积（%）	合　计	方差的（%）	累积（%）	合　计	方差的（%）	累积（%）
1	6.449	42.995	42.995	6.449	42.995	42.995	6.140	40.933	40.933
2	4.119	27.463	70.458	4.119	27.463	70.458	4.337	28.915	69.847
3	2.087	13.910	84.368	2.087	13.910	84.368	2.178	14.521	84.368
4	0.943	6.286	90.655	—	—	—	—	—	—
5	0.316	2.108	92.762	—	—	—	—	—	—
6	0.258	1.719	94.482	—	—	—	—	—	—
7	0.236	1.572	96.054	—	—	—	—	—	—
8	0.205	1.364	97.417	—	—	—	—	—	—
9	0.129	0.862	98.280	—	—	—	—	—	—
10	0.090	0.598	98.877	—	—	—	—	—	—
11	0.063	0.423	99.301	—	—	—	—	—	—
12	0.052	0.347	99.647	—	—	—	—	—	—
13	0.030	0.202	99.849	—	—	—	—	—	—
14	0.013	0.086	99.935	—	—	—	—	—	—
15	0.010	0.065	100.000	—	—	—	—	—	—

提取方法：主成分分析。

第二步：建立影响北京奶业市场竞争力的主成分载荷矩阵。在建立载荷矩阵中，这里采用最大方差法对主成分的载荷矩阵实行正交旋转使主成分具有命名解释性。从表 6－10 中可以观察到 X_1（奶牛存栏量）、X_2（牛奶产量）、X_3（100 头以上养殖户）、X_4（乳制品企业个数）、X_5（乳制品企业利润总额）、X_6（乳制品企业资产总额）、X_8（乳制品产量）在第一个主成分上有较高的载荷，主要反映出奶业市场竞争力中养殖生产加工环节中的基础实力，这也与实际奶业竞争力中的主要影响效力相符合，可将第一个主成分命名为奶业养殖生产基础实力；X_7（袋装鲜奶销售价格）、X_{11}（城镇居民人均乳制品消费支出）、X_{12}（农村居民人均乳制品消费量）、X_{13}（城镇居民人均可支配收入）、X_{14}（城镇居民人均食品消费支出）、X_{15}（农村居民人均纯收入）在第二个主成分上有较高载荷，反映出市场环境中人们生活水平提高对乳制品的需求程度，这样的消费市场也能影响其市场竞争，可将第二个主成分命名为市场环境需求力度；X_9（饲料加工企业利润总额）、X_{10}（配混合饲料产量）为第三个主成分，反映了奶业上游产业链中饲料产业的发展对其奶业发展的影响程度。因此，可将其命名为相关产业辅助效益，具体见表 6－11。

表 6－10　旋转成分矩阵

变量代码	变量名称	成分		
		1	2	3
X_1	奶牛存栏量	0.848	−0.280	−0.137
X_2	牛奶产量	0.958	−0.208	−0.026
X_3	100 头以上养殖户	0.942	−0.142	0.067
X_4	乳制品企业个数	0.911	−0.091	0.181
X_5	乳制品企业利润总额	0.889	0.146	0.217
X_6	乳制品企业资产总额	0.875	0.120	0.003
X_7	袋装鲜奶销售价格	−0.331	0.761	0.207
X_8	乳制品产量	0.937	−0.027	0.180

（续）

变量代码	变量名称	成　分		
		1	2	3
X_9	饲料加工企业利润总额	0.245	0.082	0.884
X_{10}	配混合饲料产量	0.212	0.025	0.929
X_{11}	城镇居民人均乳制品消费支出	0.007	0.863	−0.203
X_{12}	农村居民人均乳制品消费量	0.311	0.381	−0.556
X_{13}	城镇居民人均可支配收入	−0.034	0.977	−0.010
X_{14}	城镇居民人均食品消费支出	−0.182	0.931	0.049
X_{15}	农村居民人均纯收入	0.084	0.922	−0.047

注：提取方法为主成分和正交旋转法。

表 6－11　奶业市场竞争力主成分划分一览表

项目	主成分	指标编号	指标名称
奶业市场竞争力影响因素	第一主成分 F_1 养殖生产基础实力	X_1	奶牛存栏量
		X_2	牛奶产量
		X_3	100 头以上养殖户个数
		X_4	乳制品企业个数
		X_5	乳制品企业利润总额
		X_6	乳制品企业资产总额
		X_8	乳制品产量
	第二主成分 F_2 市场环境需求力度	X_7	袋装鲜奶销售价格
		X_{11}	城镇居民人均乳制品消费支出
		X_{12}	农村居民人均乳制品消费量
		X_{13}	城镇居民人均可支配收入
		X_{14}	城镇居民人均食品消费支出
		X_{15}	农村居民人均纯收入
	第三主成分 F_3 相关产业辅助效益	X_9	饲料加工企业利润总额
		X_{10}	配混合饲料产量

第三步：计算影响北京奶业市场竞争力的主成分得分。将3个主成分提取完毕后，为了对各省、自治区、直辖市的奶业市场竞争力能够进行有效的对比，分析出北京奶业市场竞争力在全国的竞争力力度中的影响因素情况，需要对3个主成分采用回归法计算3个主成分得分，并且对3个主成分各自的贡献率在总的累积贡献率中的比重为加权计算综合得分。具体公式如下：

$$综合得分(F)=(F_1\times 0.409\,33+F_2\times 0.289\,15+F_3\times 0.145\,21)/0.843\,68$$

3个主成分得分及综合得分的排名情况见表6-12。

表6-12　中国部分地区奶业市场竞争力影响因素得分情况

省　份	F_1 得分	排名	F_2 得分	排名	F_3 得分	排名	F 得分	排名
内蒙古	3.321 14	1	−0.075	12	−0.598 31	20	1.48	1
山　东	2.009 19	3	0.384 23	9	1.713 68	3	1.4	2
上　海	0.104 63	8	3.106 63	1	−0.798 1	23	0.98	3
广　东	−0.190 17	13	1.227 59	4	2.284 28	1	0.72	4
黑龙江	2.034 42	2	−0.738 24	25	−0.801 46	24	0.6	5
河　北	1.554 37	4	−0.702 11	22	0.124 48	11	0.53	6
北　京	0.064 57	10	2.072 2	2	−1.279 15	29	0.52	7
辽　宁	0.071 46	9	0.011 52	10	1.888 68	2	0.36	8
河　南	0.597 67	5	−0.736 89	24	1.567 57	4	0.31	9
江　苏	−0.022 77	11	0.947 48	5	−0.233 28	15	0.27	10
浙　江	−0.487 09	20	1.525 34	3	−0.257 09	17	0.24	11
天　津	−0.328 37	15	0.938 69	6	−0.792 78	22	0.03	12
四　川	−0.339 62	16	−0.085 08	13	0.895 02	7	−0.04	13
福　建	−0.651 16	23	0.792 06	7	0.014 49	12	−0.04	14
陕　西	0.365 81	6	−0.344 6	15	−0.627 64	21	−0.05	15

（4）评价结果分析。表6-12中主要列举了综合排名前15位的省、自治区、直辖市，全部30省、自治区及直辖市的各项

得分见附录 8。从表6－12中可以看出，根据第一主成分 F_1（养殖生产基础实力）得分排名，北京位居于第 10 名，前三名分别为内蒙古、黑龙江、山东。而北京在奶业发展的养殖生产加工等基础环节上的实力与内蒙古、黑龙江、山东等地区相比，还存在一定的距离，但是与排名后 20 名的地区相比也有一定优势，而第一主成分 F_1 是影响奶业竞争力主要因素，体现出各地区在基础实力的强弱。

在第二主成分 F_2（市场环境需求力度）得分排名中，北京位居 2 名，第一名是上海，体现出北京在全国范围内居民生活水平的程度较高，对乳制品的市场需求量也较大，在市场消费中处于全国领先地位，从 F_2 的角度来分析，北京奶业在全国市场竞争力中具有较强的竞争力，这时内蒙古、黑龙江排名于 12、25 位，另一方面也反映出奶业发展市场环境的与各个城市的发展水平有关。

第三主成分 F_3（相关产业辅助效益）得分排名中，北京居于 29 位，可见名次极度靠后，排名前 3 位的地区分别为广东、辽宁、山东。这 3 个地区的饲料业都是比较发达的，同时内蒙古、黑龙江等地区在饲料业上的发展也还处于比较落后的地位，尽管 F_3 在整体累计方差贡献率中占据比率相对较少，但是也会影响地区的奶业发展及市场竞争力程度。因此，相关产业的辅助效益对北京奶业市场竞争力也存在一定地影响。

从综合得分的排名上来看，北京排列于第七位，内蒙古、天津、上海分别位于综合得分排名前三，黑龙江处于第五名。体现出 3 个主成分都对奶业市场竞争力有影响，只有影响程度有差别，北京综合得分处于 30 省、自治区及直辖市的前 1/3，总体来说北京奶业发展具有一定的竞争力，需要进一步提高。

4. 北京奶业市场竞争力所处地位分析　以上利用主成分分析法对北京奶业的市场竞争力的影响因素进行分析，北京奶业在养殖生产加工基础实力的市场竞争力相对于内蒙古、黑龙江等地区较为落后一些，而相关产业效益影响下市场竞争力程度就非常低。为了进一步明确北京奶业市场竞争力在全国的竞争程度及所处地位，需要对此进行更深一步的分析与讨论。

（1）评价方法。为了更好地分析出北京奶业市场竞争力的程度及在全国所处的地位，本文在这部分分析中主要采用聚类分析的方法。这种多元统计方法可以利用 SPSS 19.0 软件完成，将多个样本通过数学方法来有效地划分，展现出不同样本之间的同一性和差异性。同时，它也是划定奶业市场竞争力分区的一种统计方法。将聚类分析法应用在评价北京奶业市场竞争力在全国所处地位的过程中，可以更好地将我国 30 个大中省、自治区及直辖市的奶业竞争力划分成不同程度区域，确定北京奶业发展所在位置。

使用聚类分析法来划定奶业市场竞争力首先需要确定在采用聚类分析的指标体系。本书在前面已经建立了奶业市场竞争力的指标体系，但是由于原始 15 个指标个数较多，如果直接采用这 15 个指标来进行聚类，这样分析的结果就不为精确。为了使分析输出的结果更加准确明白，在采用主成分分析后将原有指标进行了降维，提取出 3 个主成分，这样在聚类分析时就可以对这 3 个主成分（F_1、F_2、F_3）进行聚类。因此 F_1、F_2、F_3 被确立为聚类分析的 3 个指标，不仅可以反映出奶业市场竞争力的普遍特征，还能反映出在市场竞争力过程中的差异性。然后在基于数学方法的基础上利用这 3 个主成分来进行相似性计算，进一步对我国 30 个大中省、自治区及直辖市的奶业市场竞争力程度进行分类，最后根据输出结果进行分析讨论北京奶业市场竞争力的程度及他在全国所处地位。

（2）聚类分析。根据建立的奶业市场竞争力指标体系的特征，利用 SPSS 19.0 软件在主成分分析的基础上以 3 个主成分（F_1、F_2、F_3）为变量进行聚类分析。在聚类分析过程中采用了系统聚类分析方法中的 Q 型聚类，主要是根据变量来对文中区域样本进行聚类，可以使其具有相似性特征的样本能够聚集到一起，从而使差异性较大的区域样本分离出来。在聚类过程中利用离差平方和法（Ward 法）得出图 6－6 奶业市场竞争力的谱系图。

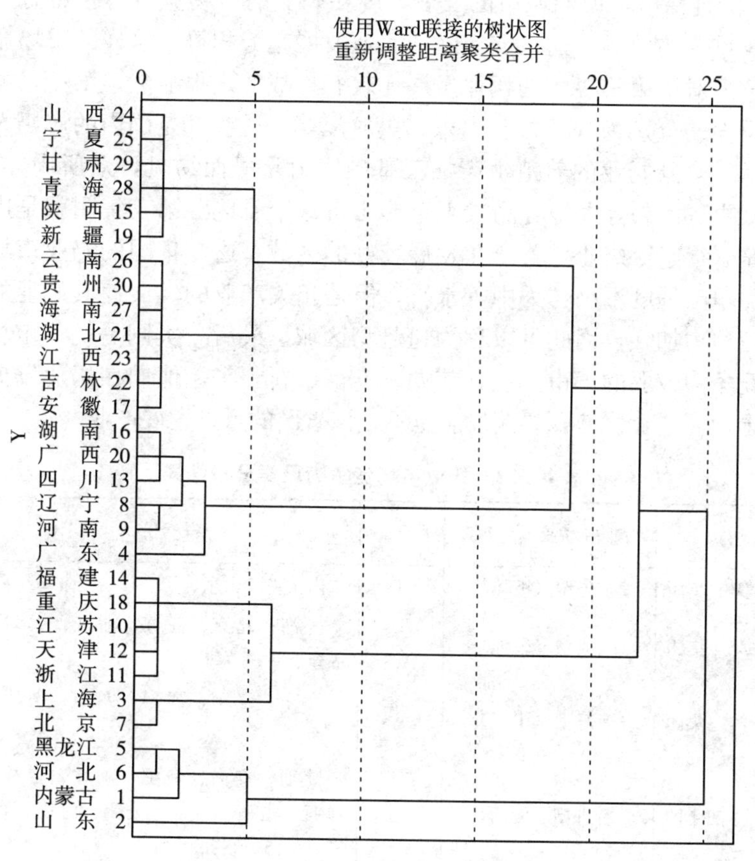

图 6－6 奶业市场竞争力的谱系图

数据来源：SPSS 19.0 聚类分析输出结果。

（3）评价结果分析。从聚类分析所输出的结果来看，整理出表 6－13 所示的相关信息。根据分析可以看出目前我国的奶业发展区域主要呈现出四大层次，将其奶业发展的市场竞争力程度将其归纳为四大集团。不难看出北京奶业市场竞争力被划分到第二集团，这个集团里一共有 7 个省、直辖市，其奶业市场竞争力程度较强，可以看到同一集团都包括了上海、北京、天津、重庆这 4 个直辖市，说明城市的发展力度在奶业的市场竞争力中占有比较重要的份额，这也与实际的奶业发展趋势相符，这样的市场竞争力对于第一集团的奶业发展比较有挑战的。很显然，第一集团里面的分别为内蒙古、山东、黑龙江等，这些都是国内的产奶大区域，其奶业的养殖生产加工基础实力是显而易见，众所周知，蒙牛、伊利等大型乳品加工企业出自这个省区。第三集团就是广东、辽宁等奶业相关产业发展较好的区域，这一集团的奶业市场竞争力程度不高，为中等水平，但是相关产业的发展使其奶业的竞争力加强，因此可以称为追赶型区域。最后一类则是奶业市场竞争力较弱的省市，包括陕西、安徽、新疆等，他们在奶业发展上没有明显优势，奶业发展也不是该省区的重点发展产业。

表 6-13　奶业市场竞争力聚类分析结果

层　次	奶业市场竞争力程度	数　量	省　份
第一集团	领先型（极强）	4	内蒙古、山东、黑龙江、河北
第二集团	挑战型（较强）	7	上海、北京、江苏、浙江、天津、福建、重庆
第三集团	追赶型（中等）	6	广东、辽宁、河南、四川、湖南、广西
第四集团	后进型（较弱）	13	陕西、安徽、新疆、湖北、吉林、江西、山西、宁夏、云南、海南、青海、甘肃、贵州

因此，北京奶业的市场竞争力程度的高低只有通过和国内其他省、直辖市的对比，才能真正发现北京现阶段奶业发展在全国奶业发展中的水平及地位。由于北京是中国的首都，经济文化发

展也较快，生活在北京的人们对生活的价值需求也较高于其他发展中的省、直辖市。所以，北京奶业市场竞争力相对于同一层次的城市又要较强一些。总的来说，北京的奶业市场竞争力程度比内蒙古、黑龙江等省区的竞争力程度要低一些，同时又远远高于我国其他的二线城市。可以看出北京的奶业市场竞争力程度在全国范围内较强。

四、主要研究结论及政策建议

（一）主要结论

通过对北京奶业基本发展情况的整体把握、北京奶业市场竞争力的测算、北京与省、自治区的奶业发展市场竞争力分析，得出以下结论，进而提出相关政策建议，促进奶业正常稳定发展。

1. 北京奶业市场竞争力较强，但呈现出减弱趋势　本文首先通过对北京奶牛存栏量、牛奶产量、规模化程度、乳制品产量、城市农村居民消费量等的时间序列分析，可以了解到近几年来北京奶牛存栏量在缓慢减少、牛奶产量基本持平、规模化程度有微弱提高、乳制品产量有所增加、城镇农村居民的人均乳制品消费也高于全国的人均水平。

重点将构建的奶业市场竞争力的评价指标体系通过主成分分析和聚类分析，发现北京奶业发展在全国的奶业发展处于第二集团，只落后于内蒙古、黑龙江、山东、河北等领先型的省、自治区，是比较具有挑战型的城市，北京奶业的市场竞争力程度较强，但是从对最近几年来的北京奶业市场竞争力的测算指标（市场占有率、成本利润率、资产报酬率、区位商）来看，却呈现出一定的减弱趋势，但是不影响北京奶业市场竞争力在全国奶业发展中的地位。

2. 北京奶业市场竞争力优势

（1）种源优势。北京冻精进口量占据了全国进口量的 90%

上，其市场竞争力相当显著，北京不仅有北京奶牛中心，还有24个种奶牛场，都在进行奶牛种源培育，可见实力强大。众所周知，好品质的种源能产出高质量的奶，正因如此，北京聚集世界各国的不同优良奶牛品种，包括林肯、黑星、雷达等世界著名公牛血统。农业部在国内建立的第一个种公牛性能测定中心就是1973年建立的北京奶牛中心种公牛站，也是我国规模最大、实力最强的奶牛供种基地及繁育基地，主要是培育出品种优良的种公牛，并且能够为我国奶牛遗传改良提供优质冻精。在种公牛信息的登记方面也比较全面，分为荷斯坦验证牛、荷斯坦精选公牛、德国进口冻精公牛3个类别，荷斯坦牛、利木赞牛、西门塔尔牛、夏洛莱牛、蒙贝利亚、娟姗牛、瑞士褐牛、安格斯牛及和牛9个品种。建站41年来，共选育优秀种公牛700多头，生产优质牛冷冻精液近6 000万剂，冻精供应全国30个省、直辖市、自治区，体现北京奶业市场竞争力中的种源占有绝对优势。

（2）市场优势。北京奶业发展中其市场优势也是十分显著的，不仅市场环境好，同时居民对乳制品的需求也比较高。在主成分分析法中市场环境需求力度 F_2 中，北京排名位居第二，这也是由于北京在全国属于经济较发达的一线城市，生活在北京的人们随着生活条件的越来越好，工资水平较高，更逐步明白营养膳食结构的重要性，对乳制品的需求也是逐步扩大。2000年以来，北京城镇居民的年人均乳制品消费呈现出阶梯上升趋势，每年北京城镇居民的人均乳品消费也远远高于全国水平。此外，北京农村居民的人均乳制品消费量也大大超过全国农村居民人均消费乳制品的数量，可见北京奶业消费市场中农村居民也是比较多的，而其他省、自治区由于经济条件的影响，再加上在很多偏远地区的人们对乳制品的消费观念意识不够，使其乳制品购买力度上有一定地限制。因而北京奶业发展中，农村居民对乳制品的需求也会增加其市场竞争的实力，更加加大对农村乳制品市场的开拓，前景十分可观。

（3）政策优势。北京市政府对北京的奶业发展也是非常重视的，到目前为止，相关部门已出台了《北京市动物和动物产品运输监督工作制度》、《北京市农村工作委员会、北京市农业局、北京市财政局关于促进奶业规模化发展若干政策的意见》、《北京市"学生饮用奶计划"暂行管理办法》、《北京市奶牛养殖场成本核算规程（试行）》等政策法规来规范和支持北京奶业的发展。在北京市政府出台的《关于统筹推进我市新一轮"菜篮子"工程建设的意见》中明确要求了到"十二五"末禽肉、禽蛋、牛奶的自给率需达到70%以上。同时还有相关的政策扶持，如优惠贷款、土地税收、良种支持、保险政策等。2009—2011年的奶牛"金钥匙工程"更是取得了较大的成果，加强了对乳制品知识的宣传与科普。此外，还成立了现代奶牛产业技术体系北京市奶牛创新团队，进一步加强了北京奶业的市场竞争力优势，建立北京新型奶牛发展体系。

3. 北京奶业市场竞争力劣势

（1）奶牛养殖能力比较薄弱。由于北京是一个地少人多的城市，在奶牛的养殖环节的实力比较薄弱，2011年北京奶牛存栏量为15.07万头，内蒙古、黑龙江的奶牛存栏量为278.48万头、285.22万头；北京牛奶产量为639 759吨，内蒙古、黑龙江分别为9 482 914吨、7 587 883吨。可见北京奶牛的饲养能力远远落后于内蒙古、黑龙江等地区。通过调研了解到尽管北京有些大规模养殖场已经开始采用了先进的TMR混合日粮配方，但是大多数奶牛养殖户为了降低自己的养殖成本，并没有给奶牛喂养标准的饲料，比如苜蓿干草、青贮、玉米等都没有给奶牛吃，而是将一些枯黄的秸秆喂给奶牛，这样的奶牛产出的奶，奶质肯定会有差别，奶站将不同牛奶收购到一起，如此混合只会降低最终牛奶的品质，还有可能造成乳制品质量安全问题的产生。此外，奶牛日常排放的粪便也没有固定的回收场所，并且也没有较好的粪便处理措施，导致了粪便所处可见，随意流入道路及河流，污染环境，传播细菌，对疾病防控造成很大阻碍，影响奶牛饲养。

（2）饲养规模化程度不均衡。尽管北京奶业随着现代化科技饲养水平的提高，更加机械化、集约化，可以看到北京在近年来奶牛饲养规模程度也有所加大。但是总体上看北京奶牛饲养的规模程度发展不均衡，100头以下的小规模饲养场户占所有养殖户数的83%；500头以上的大规模奶牛饲养的场户数仅占3.8%。与内蒙古、黑龙江地区相比，北京100头以上的奶牛养殖户仅占内蒙古、黑龙江100头以上的奶牛养殖户的14.23%、27.6%，差距甚大。从对奶农的实地调研中，发现北京郊区存在大量的散养户，绝大多数都是圈养的模式，其周围的环境条件也比较差，无法真正实现种养结合的养殖模式，优质粗饲料严重匮乏，在奶牛养殖过程的生产设备、仪器都比较落后，而大规模的养殖场所配备的生产管理设施就较为先进，但是也会出现管理发散的现象。由于北京养殖用地较少，规模较大的养殖小区就将奶牛饲养到很偏远的郊区，不利于乳制品加工企业快速健康的收购原料奶。因此，北京奶牛的饲养应该注重规模化程度的合理分布，加强标准化管理，使饲养效率最大化，从而产出高品质牛奶。

（3）奶农与乳制品加工企业衔接不紧密。现阶段，北京的大多数奶牛散养户都没有特定的收奶乳制品加工企业，只有饲养规模较大的养殖户或养殖小区能够与乳制品加工企业有订单式的合作。而小规模的饲养户普遍是将奶交给奶站或者各区（县）的奶牛合作社，通过调研发现许多奶农与乳制品加工企业联系不紧密，大多数乳制品加工企业不愿意直接去散养户收奶，不仅加大运输成本，而且奶源质量也得不到保障；另外，许多奶农因为收奶价格偏低，不愿意压低奶价，但又不可能将原料奶大量滞留。所以，还是以偏低价格出售，导致获利程度降低，使奶农感觉饲养奶牛这个行业的前景不乐观，可能会放弃饲养。因此，奶农与乳制品加工企业衔接上的不紧密会影响北京奶牛产业在基础饲养环节的不顺利进行，减弱北京奶业市场竞争力程度。

(4) 乳制品加工企业运营能力较弱，缺乏企业战略。据相关统计北京现阶段乳制品加工企业有28家，主要分布在通州、顺义、昌平、怀柔、丰台等区（县），北京90%的乳制品加工主要集中在三元、光明、蒙牛、伊利及达能5家大型乳品加工企业。可以看出仅剩10%左右的乳制品加工就是其余的23家企业，主要包括和润、圣祥、吉康、归原生态等。这样加工布局是不合理的。除了5家大型乳品企业，剩下这些企业的运营能力就大大减弱。真正的北京本土龙头乳制品加工企业就只有三元一家。通过调研还发现各大乳品加工企业生产的乳制品主要还是集中在液态奶、酸奶、奶粉等这类常规性的产品，而黄油、奶酪、炼乳这类的乳制品生产相对较少。此外，在许多小型的乳制品加工企业中的技术人员文化水平的程度较低，加工设备条件较差等原因导致企业的整体运营能力减弱。因此，合理的企业战略布局对乳品加工企业的未来发展极其重要。

(5) 饲料产业发展相对落后。北京的奶业发展也与饲养产业息息相关，奶牛的饲养必须要靠饲料的供给，才能正常生产繁殖。本文通过主成分分系，观察到 F_3（相关产业辅助效益）中北京在全国排名29，位置极度靠后，可见北京饲养产业发展在全国并不占优势。从相关数据显示，北京饲料企业有46家，饲料产业发展较好的地区辽宁、山东等分别高达356家、401家；北京饲料企业从业人员有5 688人，山东达到56 988人；北京饲料企业的利润总额为5.36亿元，全国为375.08亿元，占额仅为1.4%，这些数据表明北京饲料产业发展并不是很乐观。北京饲料企业的营销人员的销售能力水平也较低，对农村地方深入不够。因此，饲料销量也提升不上去。北京饲料企业布局主要是由中心向外辐射，在外地很少建有连带厂家，这对于外地想购入饲料造成运输成本的增加，从而也会降低北京饲料企业的销售业绩，阻碍该产业的发展。

（二）政策建议

1. 重点打造北京奶牛种源之都，提高单产水平及饲养能力 北京奶业市场竞争力程度的高低很大部分取决于北京奶牛产业在饲养阶段的实力大小，饲养阶段又包括奶牛配种选育、饲养、生产等。第一，可以借助现阶段北京奶牛种源的优势，重点建设北京的奶牛中心，扩大其经营规模及研发实力，采用世界先进的科学仪器，到达国际培养优良品种标准，成为世界一流的繁育基地；第二，对于北京可以进行奶牛种源培育的24个种奶牛场应该给予大量的政策扶持及资金支持，加强奶牛场的经营管理、生产规范及技术指导，争取做到全国种源培养的一流水平，强强联合打造出北京奶牛种源之都；第三，虽然近年来北京奶牛存栏量有缓慢下降，但是可以通过提高奶牛单产，来提升牛奶的产量，合理节省饲养奶牛的劳动力资源、土地资源等，从而进一步提高其生产水平，使北京奶业在饲养阶段的效益最大化，成本最小化；第四，在奶牛饲养过程中合理处理粪便排放，建立粪便回收站；第五，加强对奶牛的疾病预防，防止奶牛乳房炎、子宫内膜炎的经常发生，可以对一些中小养殖户适度推广TMR技术，定期安排技术人员深入到养殖户进行养殖技术指导及相关知识的传播，提高奶农的饲养能力。

2. 全面推行养殖小区标准化建设，适当鼓励发展“现代家庭牧场” 由于北京奶牛饲养的规模化程度发展水平不均衡，1 000头以上的大规模奶牛饲养场还比较少，需要全面推行养殖小区标准化建设。首先，可以将北京比较大型乳制品加工企业（三元、蒙牛、伊利、光明等）的养殖基地扩大规模，将原有的、比较小的养殖基地进行有效合并，这样不仅可以节约养殖成本，也可以将较好的生产仪器设备进行统一使用和管理，提高了生产效率；其次，对于中、小规模的养殖户或小型养殖基地，可以通过北京的奶业协会或者其他途径协商，在有效的安排下达成协议共同出资建设养殖小区，按照股份制的模式将奶牛集中饲养。全面推行北京奶业饲养规模化、标准化、集约化发展。此外，针对不同规模的养殖小区，可以增设养殖规模级差补贴，激励奶牛养殖人员积极性。由于近年来奶牛的饲养成本不断上升，一部分养殖户对维持奶牛养殖规模的态度有所减弱。因此，通过实施养殖规模级差补贴，可以鼓励养殖户们积极投入到奶牛养殖业中，建立标准化管理制度，保证奶业安全的可持续性；最后，面对养殖小区现阶段管理比较分散、规模化建设中出现种养分离、养殖成本增加等问题，应该适当地鼓励发展"现代家庭牧场"，这种养殖模式不仅有效地降低饲养成本，还能将种植业和养殖业有机结合，提高奶牛饲养的生产效率，在未来将成为北京奶业标准化发展道路中的重要补充模式。

3. 理顺原料奶销售渠道，建立"企业＋养殖户"的奶业经营模式　原料奶的销售渠道对于奶业发展是十分重要的，乳品的食品质量安全也常常发生在这一环节。因此，值得重视。现阶段北京的奶业发展正在提倡三元乳品企业的生产模式，三元绿荷养殖场中心就是北京比较典型奶牛养殖场，分布在北京 6 个郊区（县），2012 平均头年单产达 10 947 千克，绿荷养殖中心的奶全部送往三元进行加工生产，既能够保证牛奶数量又能保证奶的质量。北京的奶牛养殖户及养殖小区可以建立"企业＋养殖户"的奶业经营模式，养殖户与值得信赖的乳制品加工企业签订销售合同，形式"订单式"销售，这样较小的养殖户就不会因为某些突发性因素销售不出去奶，影响正常生产经营；养殖户在与乳品企业达成合作关系后，乳制品企业为了保证奶源的质量安全，也会重点检测奶源各项指标，辅助养殖户生产出较高质量的牛奶。原料奶的销售环节中生鲜乳定价也是至关重要的，北京可以借鉴黑龙江的奶业发展管理经验，成立一个"北京生鲜乳价格协调委员会"，分别由政府部门、乳制品加工企业和养殖户的代表组成。根据不同季节饲料价格、生鲜乳价格以及牛奶销售价格的变化趋势，三方代表共同协商制定不同时期的北京生鲜乳收购定价机制，稳定整体的牛奶价格，使乳品企业、奶牛养殖户各方均能受益。只有将原料奶的销售渠道理顺，才能使养殖户与乳制品加工企业的信息能够对称，使奶农利益不受损失，使奶业健康稳定发展。

4. 改进乳制品加工企业战略部署，打造品牌优势 乳制品加工企业的经营效益对奶业市场竞争力的影响是非常大的，目前北京本土影响较大的乳品加工企业就是三元，对于28家乳品加工企业来说，绝大多数消费者是不了解的，对此极度影响该乳品企业在奶业市场上是否能够生存下去。因此，一个乳品企业的战略部署好坏对未来该企业的发展至关重要。乳品企业首先必须要保证乳制品加工生产的安全性，质量安全问题是消费者重点关注的因素；其次，使乳制品产品结构的多样性，开发出满足不同档次消费者的需求，而不是仅仅局限于普通的盒（袋）装牛奶、酸奶、乳酸饮料等常规销售品种，可以尝试性地多发展黄油、乳酪、炼乳等乳制品品种，激发出潜在消费者的乳品消费潜力，提高乳制品消费量；最重要的是要扩大宣传力度，让消费者认识并认可这个乳品品牌。真正打造出多个本土品牌，并面向全国乳制品消费市场，从而提升北京奶业市场竞争力地位。

5. 政府加大对北京饲料产业的扶持力度，提升该产业运营实力 北京本土饲料产业的发展，对奶业发展有一定影响，目前饲料产业发展在全国排名中并不乐观。对此，首先，政府应该加大对北京饲料产业的扶持力度，适度放宽饲料产业的相关税收政策，提高产业效益；其次，对出台的相关产业政策必须认真落实并加大领导力度，为饲料企业的发展创造出良好的环境与配套服务；最后，当然饲料企业自身的发展也是极其重要的，饲料企业应该加大对各自品牌的建设，努力追赶国内大型的饲料集团，比如四川新希望集团、山东六和集团、广东恒兴集团等，但是在建立品牌的基础上必须要保证产品的品质，饲料质量的检测监管也影响到该产业的市场竞争力度。也可以将国内大型的饲料企业引进北京建厂，扩大饲料产业发展的规模。最后，应加大对饲料产业的人才队伍建设，定期对饲料从业人员进行技术指导和培训工作。通过各种努力使北京的饲料产业迅速发展，增加其运营实力，更为北京奶业发展助力。

第七章　北京奶业可持续发展研究

在可持续发展理论应用领域，袁燕华（2011）在进行湖北省食用菌可持续发展评价指标体系的构建过程中，首先分析了食用菌产业可持续发展的现状，然后运用系统思想理论，提出了食用菌产业可持续发展子系统概念，并对其构成要素和特征进行分析，最终构建出食用菌产业可持续发展评价指标体系。洪阳（2007）从北京市奶业发展现状入手，阐述了目前北京奶业存在的问题，并提出了今后发展的对策，以上文献为本文开展北京奶业可持续发展研究提供了重要的理论和方法借鉴。奶业是一条包括奶牛养殖、原料奶生产，乳品加工、运输、销售，乳品消费在内的完整产业链条，其影响涉及一、二、三产业的各个领域。奶业已经成为推动我国农村增收、农民致富和城乡一体化发展的重要产业。

本章研究遵循可持续发展理论，分析了北京奶业可持续的现状及发展面临的制约因素，并提出了推进北京奶业可持续发展的途径和方法。

一、北京奶业可持续发展现状分析

本章针对奶业发展的内在规律和奶业产业链各个环节发展的实际情况，确定了影响北京奶业可持续发展现状的四大要素：奶牛养殖要素，生产加工要素、市场与消费要素、种源发展要素，并从每一个要素中筛选了若干个重要指标进行科学、系统的分析，具体指标见表 7 - 1。

表 7-1　北京奶业可持续发展现状影响要素

影响要素	影响指标	指标内涵
奶牛养殖要素	奶牛存栏量（万头） 原料奶产量（万吨）	奶业资源总体水平 奶牛养殖产出水平
生产加工要素	乳制品总产量（万吨） 乳品企业个数（个） 工业销售产值（亿元）	乳制品加工总体水平 乳制品加工行业总规模 乳制品市场销售水平
市场消费要素	北京市人均年乳制品消费支出（元/人） 全国人均年乳制品消费支出（元/人）	北京市乳制品消费水平 全国乳制品消费水平
种源发展要素	北京市改良种用牛进口数量（头）	奶牛种源控制能力

（一）奶牛养殖

奶牛养殖环节是奶业产业链条的源头，生产加工环节所需要的所有原料奶均来自于此。北京奶业发展类型为都市型奶业，奶业资源有限，且增长趋势并不稳定。具体见图 7-1。

北京市近年来在奶业资源有限的条件下，依靠强大的科研优势，充分利用有限的奶业资源，减小了其变动的幅度，并逐步形成了奶牛养殖可持续性发展的特点。

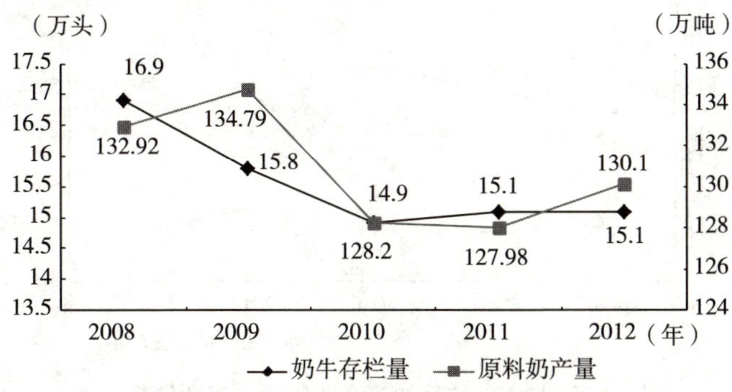

图 7-1　北京市奶牛存栏量与原料奶产量

数据来源：《2013 中国奶业年鉴》。

（二）生产加工

奶业生产加工环节是与乳制品消费市场衔接最紧密的一个环节，加工质量的好坏决定了市场上乳制品质量的好坏。北京市近年来乳制品产量与工业销售产值均保持稳定增长趋势，具体见图7-2。

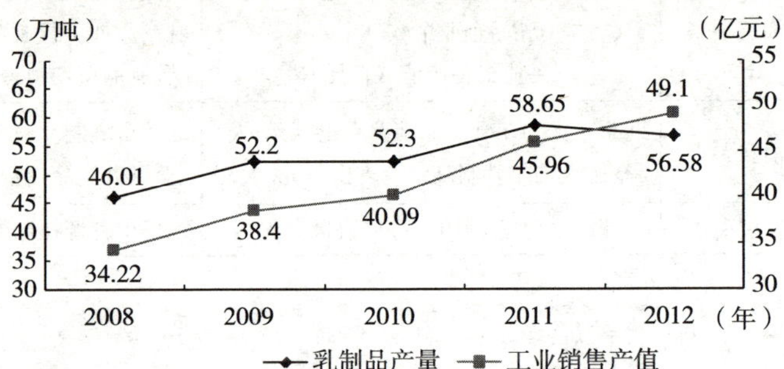

图7-2　北京市乳制品产量与工业销售产值

数据来源：《2013中国奶业年鉴》。

北京市近年来乳品加工企业数量逐步减少，但工业销售产值依然稳步增长，说明北京市乳品加工行业整体效率正在逐年提高，具体见图7-3。

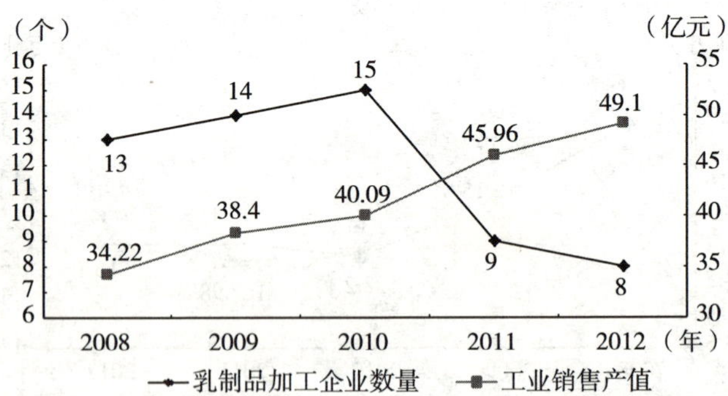

图7-3　北京市乳品加工企业数量与工业销售产值

数据来源：《2013中国奶业年鉴》。

北京奶业行业近年来通过不断的整合资源，优化结构，提高整体劳动生产效率，在乳品企业数量快速减少的情况下，实现了工业销售产值的稳步增长，逐步形成了乳品生产加工可持续性发展的特点。

（三）市场消费

北京市是我国主要的乳制品消费市场，作为都市型奶业的代表，北京奶业市场突出体现了消费能力强，消费潜力大的特点。近年来，北京市城镇居民人均年乳制品消费支出稳步增长远远超过全国平均水平，处于全国领先地位，具体见图 7－4。

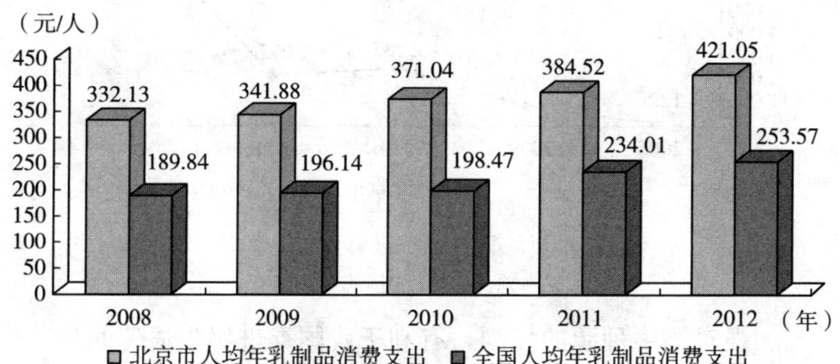

图 7－4　北京市与全国人均年乳制品消费支出

数据来源：《2013 中国奶业年鉴》。

据《2013 年中国奶业年鉴》统计，2012 年北京居民人均乳制品购买量为 29.37 千克，远远高于全国平均水平（低于 8 千克），但和世界平均水平（100 千克）仍有较大差距。人均乳制品消费支出额为 421.05 元/人，远超全国平均水平 253.57 元/人。这些数据，一方面反映出北京市乳制品消费水平在全国属于领先地位；另一方面与国外乳制品消费的差距，说明北京奶业市场依然具有很大的发展潜力，保持北京乳制品市场消费水平稳定持续发展，是北京奶业可持续发展最重要的特点。

（四）种源发展

北京市在“十二五”期间提出打造“种业之都”的目标，并启动实施北京市种业发展规划，大力建设北京市奶牛中心，提高北京市对全国奶牛养殖业的种源控制能力。

近年来，北京市改良种用牛进口数量，呈明显上升趋势，具体见图7-5。

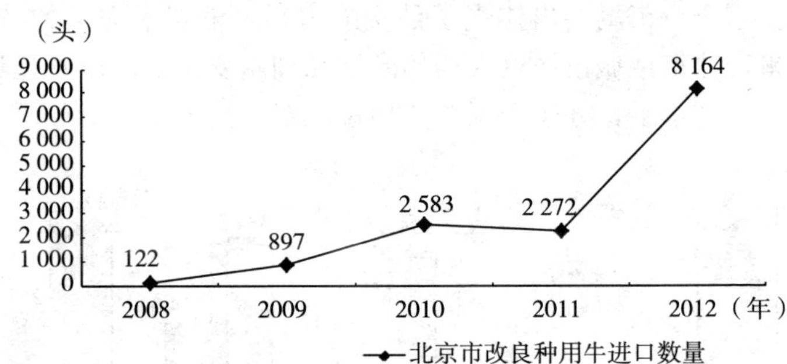

图7-5　北京市改良种用牛进口数量（2008—2012）

数据来源：《2013中国奶业年鉴》。

加强对奶牛种源的控制，有利于我国推进奶牛遗传改良工作的进程，保持奶牛种业发展的持续性，培育出优质品种，提高奶牛单产、增加养殖效益、促进奶农增收，是北京奶业可持续发展的一大特点。

二、基于DEMATEL模型的北京奶业可持续发展影响因素研究

奶业作为农牧业中少数拥有完整产业链条的支柱、民生产业，对于我国农村增收、农民致富和城乡一体化发展具有重要的推动作用，也是增强国民体质，实现伟大“中国梦”的重要基础产业之一。

近年来，随着北京市经济的快速发展和人均收入水平的不断

提高，北京奶业迎来了繁荣发展的新时期。养殖规模化程度不断增强，乳品企业加工水平不断提高，市场消费活力不断释放，种源控制能力不断增强。但在北京奶业快速发展的背后，存在着诸多问题，例如，奶牛养殖成本逐年攀升，乳品企业竞争不断加剧，乳制品市场消费需求日趋饱，土地资源、水资源日益匮乏，养殖过程中环境污染不断加剧，乳业文化发展程度不高等问题，严重制约着乳业的可持续发展。在此大背景下，本文将在初步建立北京奶业可持续发展评价指标体系的基础上，运用 DEMATEL 模型，对影响北京奶业可持续发展的因素进行科学的分析，并找出问题的关键要素，提出合理的政策建议。

在产业可持续发展影响因素分析方面，刘茹（2011）运用层次分析法，通过建立判断矩阵，进行归一化处理，计算权重，并对权重进行检验，最后，对甘肃省民勤县肉羊产业的影响因素按重要程度进行排序，并对每一项重要因素进行分析，最终提出了民勤肉羊产业可持续发展的建议。田学莲（2013）运用 DEMATEL 模型对黑龙江省石墨产业可持续发展因素进行了分析，这种方法可以处理复杂的系统问题，能够更好的考虑并分析各影响因素之间的相互依存关系。上述两种分析产业可持续发展因素的方法对于本文研究具有借鉴意义。由于本文建立的北京奶业可持续发展评价指标体系比较复杂，指标较多。所以，选择了 DEMATEL 模型作为本文分析北京奶业可持续发展因素的方法。

（一）北京奶业可持续发展评价指标体系的构建

本文在结合北京奶业实际发展情况的基础上，遵循科学性、系统性、区域性、层次性、可操作性与静态动态相结合原则，运用可持续发展理论、系统思想论、区域可持续发展理论等相关理论，将分散选取的指标进行科学构建，把北京奶业可持续发展评价指标体系细分为目标层（北京奶业可持续发展）、准则层（奶牛养殖要素、生产加工要素、市场与消费要素、结构与竞争要素、资源与环境要素、社会与文化要素）、指标层（共34个）。

经过对指标的层层筛选，最终建立出北京奶业可持续发展评价指标体系（表7-2）。

表7-2　北京奶业可持续发展评价指标体系

目标层	准则层	指标层	指标内涵
北京奶业可持续发展	X_1：奶牛养殖要素	X_{11}：原料奶产量（万吨/年）	奶牛养殖产出水平
		X_{12}：存栏量100头养殖场占养殖场总数百分比（%）	奶牛养殖规模化水平
		X_{13}：原料奶日测定平均体细胞数（千个/毫升）	奶牛养殖规范化水平
		X_{14}：大规模养殖场奶牛年平均物质与服务费用（元/头）	奶牛养殖成本
		X_{15}：大规模奶牛养殖成本利润率（%）	奶牛养殖盈利水平
		X_{16}：大规模养殖场奶牛年平均单产量（千克/头）	奶牛养殖生产效率
		X_{17}：奶牛口蹄疫合格率（%）	奶牛健康水平
		X_{18}：牛奶固形物数量（%）	原料奶品质
	X_2：生产加工要素	X_{21}：乳制品总产量（万吨/年）	乳制品加工总体水平
		X_{22}：亏损企业占企业总数百分比（%）	乳品加工行业盈利环境
		X_{23}：奶业从业人数（人）	乳品加工行业整体规模
		X_{24}：利润总额（亿元）	乳品加工行业盈利水平
		X_{25}：资产总额（亿元）	乳品加工行业资本水平
		X_{26}：负债总额（亿元）	乳品加工行业负债水平

（续）

目标层	准则层	指标层	指标内涵
北京奶业可持续发展	X_3：市场与消费要素	X_{31}：工业销售产值（亿元）	奶业市场销售水平
		X_{32}：乳制品进口量（吨）	对国外乳制品市场依赖程度
		X_{33}：生鲜乳收购价格（元/千克）	成本承受水平
		X_{34}：乳制品消费占食品消费支出的比重（%）	乳制品消费整体水平
		X_{35}：城市居民人均年乳制品消费支出（元/人）	城市居民乳制品消费水平
		X_{36}：农村居民人均年乳制品消费量（千克/人）	农村居民乳制品消费水平
		X_{37}：乳制品市场容量（亿）	乳品市场发展潜力
		X_{38}：乳制品产量占奶类产量比重（%）	乳制品加工规模化水平
		X_{39}：进口乳制品市场占有率（%）	奶业市场被国外冲击程度
	X_4：资源与环境要素	X_{41}：奶牛存栏量（万头）	奶牛养殖总规模
		X_{42}：乳品企业个数（个）	乳制品加工行业总规模
		X_{43}：奶业用水量（亿立方米）	奶业水资源利用水平
		X_{44}：污水处理能力（万立方米/日）	区域整体污水处理能力
		X_{45}：粪便清运量（万吨）	区域整体粪便清运能力
		X_{46}：水资源总量（亿立方米）	区域水资源总体水平

（续）

目标层	准则层	指标层	指标内涵
北京奶业可持续发展	X_5：社会与文化要素	X_{51}：社会消费品零售总额（亿元）	社会消费整体水平
		X_{52}：人均可支配收入	城乡居民收入水平
		X_{53}：地区生产总值（亿元）	社会生产整体水平
		X_{54}：奶农专业合作社数量（个）	基层奶业组织化程度
		X_{55}：企业家信心指数	企业对宏观环境的乐观程度

（二）北京奶业可持续发展影响因素分析

DEMATEL方法，又称决策试验和评价实验法（Decision Making Trial and Evaluation Laboratory），是一种运用图论和矩阵对复杂系统进行要素分析的方法，通过分析系统中各要素之间的逻辑关系和直接影响关系，可以对各影响要素的重要程度进行分析。

1. DEMATEL 模型构建

（1）数据来源。本文数据来自历年《中国奶业年鉴》、历年《北京统计年鉴》和自我估算。

（2）构建相互系数影响矩阵。因专家打分主观性较强，本文决定通过 SPSS 19.0 软件，构建由 34 个指标构成的相互系数影响矩阵。

（3）构建直接影响矩阵。对相互系数影响矩阵中的每一行求平均数，每行大于平均数的赋值为 1（有直接影响），小于平均数的赋值为 0（无直接影响），构建直接影响矩阵。设 n 阶矩阵 $M=(y_{ij})n\times n$ 作为直接影响矩阵，其中 y_{ij} 表示 i 指标对 j 指标的影响程度，称为相互影响系数。

（4）直接影响矩阵标准化。对构建的直接影响矩阵进行标准化处理，得到矩阵 K。

$$K = M/\max\sum_{j=1}^{n} y_{ij} = M = (K_{ij})n \times n,$$

其中 $1 \leqslant i \leqslant n, 1 \leqslant j \leqslant n$。

（5）综合影响矩阵 $T = K + K^2 + K^3 + K^4 + \cdots\cdots K^n = K$，其中 I 代表单位矩阵。

（6）分析综合矩阵结果及绘制中心、原因度散点图。在综合影响矩阵 T 中，R 为行和，代表某指标影响其他指标的程度。D 为列和，代表某指标被影响的程度。$R+D$ 代表某指标在系统中的重要程度。$R-D$ 代表某指标影响或被影响的程度。若 $R+D$ 为正，证明其对其他指标的影响较大，又称原因指标。若 $R-D$ 为负，则证明其受其他指标影响较大，又称结果指标。$R+D$、$R-D$ 被称之为中心度和原因度。

最终运用 SPSS 19.0 软件，绘制中心度与原因度的散点图，分析各指标在系统中的重要程度和改善的急迫性和重要性。

2. DEMATEL 模型应用　根据表 7-2 所建立的北京奶业可持续发展评价指标体系以及相关数据，构建相互系数影响矩阵，每行取平均数，大于平均数的赋值为 1（有直接影响），小于平均数的赋值为 0（无直接影响），建立直接影响矩阵 M，在利用 MATLAB 软件对 M 矩阵进行标准化后得到矩阵 K，和综合影响矩阵 T，输入结果如下：

$$a = a/\max(\text{sum}(a'))$$

$$b = a * \text{inv}(\text{eye}(34) - a)$$

输出结果为综合影响矩阵 T。

根据综合影响矩阵 T 得出影响北京奶业可持续发展的各项指标影响度 R，被影响度 D，中心度 $R+D$，原因度 $R-D$（表 7-3）。

表 7-3　综合矩阵分析结果

指　　标	影响度（R）	被影响度（D）	中心度（$R+D$）	原因度（$R-D$）
X_{11}：原料奶产量（万吨/年）	10.297 65	12.116 25	22.413 94	−1.818 6
X_{12}：存栏量 100 头养殖场占养殖场总数百分比（%）	9.916 505	12.467 13	22.383 64	−2.550 63
X_{13}：原料奶日测定平均体细胞数（千个/毫升）	6.405 957	2.182 338	8.588 295	4.423 619
X_{14}：大规模养殖场奶牛年平均物质与服务费用（元/头）	5.886 288	2.825 266	8.711 554	2.861 022
X_{15}：大规模奶牛养殖成本利润率（%）	4.464 171	1.101 738	5.565 909	3.362 433
X_{16}：大规模养殖场奶牛年平均单产量（千克/头）	4.340 863	0.585 897	4.926 765	3.754 966
X_{17}：奶牛口蹄疫合格率（%）	6.205 957	2.182 336	8.388 293	4.423 619
X_{18}：牛奶固形物数量（%）	7.782 093	7.198 473	14.980 57	0.583 62
X_{21}：乳制品总产量（万吨/年）	9.653 961	11.304 39	20.958 35	−1.650 43
X_{22}：亏损企业占企业总数百分比（%）	7.739 103	1.380 372	9.119 475	6.358 731
X_{23}：奶业从业人数（人）	9.851 938	12.017 8	21.869 74	−2.165 86
X_{24}：利润总额（亿元）	5.879 374	0.938 492	6.817 866	4.940 882
X_{25}：资产总额（亿元）	9.179 068	10.516 37	19.695 44	−1.337 3
X_{26}：负债总额（亿元）	9.916 495	12.088 79	22.005 29	−2.172 3
X_{31}：工业销售产值（亿元）	10.104 96	12.362 94	22.467 95	−2.257 98
X_{32}：乳制品进口量（吨）	10.250 51	12.616 98	22.867 49	−2.366 47
X_{33}：生鲜乳收购价格（元/千克）	10.297 65	12.036 71	22.334 36	−1.739 06
X_{34}：乳制品消费占食品消费支出的比重（%）	8.147 486	6.494 395	14.641 88	1.653 091
X_{35}：城市居民人均年乳制品消费支出（元/人）	10.104 95	11.883 1	21.988 05	−1.778 15

（续）

指 标	影响度 (*R*)	被影响度 (*D*)	中心度 (*R*+*D*)	原因度 (*R*−*D*)
X_{36}：农村居民人均年乳制品消费量（千克/人）	10.250 5	12.540 61	22.791 11	−2.290 11
X_{37}：乳制品市场容量（亿）	10.463 71	12.275 4	22.739 11	−1.811 69
X_{38}：乳制品产量占奶类产量比重（%）	9.916 495	12.135 27	22.051 77	−2.218 78
X_{39}：进口乳制品市场占有率（%）	9.931 701	12.536 26	22.467 96	−2.604 56
X_{41}：奶牛存栏量（万头）	9.455 329	11.458 87	20.914 24	−2.003 54
X_{42}：乳品企业个数（个）	10.067 54	12.319 83	22.387 37	−2.252 29
X_{43}：奶业用水量（亿立方米）	3.892 306	0.585 896	4.478 202	3.306 41
X_{44}：污水处理能力（万立方米/日）	9.916 495	12.220 95	22.137 45	−2.304 46
X_{45}：粪便清运量（万吨）	6.650 968	4.783 564	11.434 53	1.867 404
X_{46}：水资源总量（亿立方米）	3.903 118	0.672 32	4.575 438	3.230 798
X_{51}：社会消费品零售总额（亿元）	10.144 15	11.822 02	21.966 17	−1.677 87
X_{52}：人均可支配收入	9.916 495	12.642 01	22.558 51	−2.725 52
X_{53}：地区生产总值（亿元）	9.914 95	12.428 3	22.457 78	−2.627 88
X_{54}：奶农专业合作社数量（个）	9.661 46	11.282 3	20.944 29	−1.621 37
X_{55}：企业家信心指数	4.117 079	0.909 65	5.027 044	3.207 114

3. 模型分析

（1）从 $R+D$（中心度）值来看。在北京奶业可持续发展评价指标体系中，最重要的 5 个影响指标是：X_{32}乳制品进口量、X_{36}农村居民人均年乳制品消费量、X_{37}乳制品市场容量、X_{52}人均可支配收入、X_{39}进口乳制品市场占有率。

（2）从 $R-D$（原因度）看。分为两种情况。

当 $R-D$（原因度）为负时，$R+D$（中心度）值越大，说明该指标是急需解决的核心问题。当 $R-D$（原因度）为正时，

$R+D$（中心度）值越大，说明该指标是解决核心问题的驱动指标。

从第一种情况看，$R-D$（原因度）为负，$R+D$（中心度）值最大的指标为 X_{32} 乳制品进口量。从第二种情况看，$R-D$（原因度）为正，$R+D$（中心度）值最大的前 5 个指标分别为牛奶固形物数量、乳制品消费占食品消费支出的比重、粪便清运量、亏损企业占企业总数百分比、大规模养殖场奶牛年平均物质与服务费用。

指标中心度与原因度大致分布情况见图 7-6。

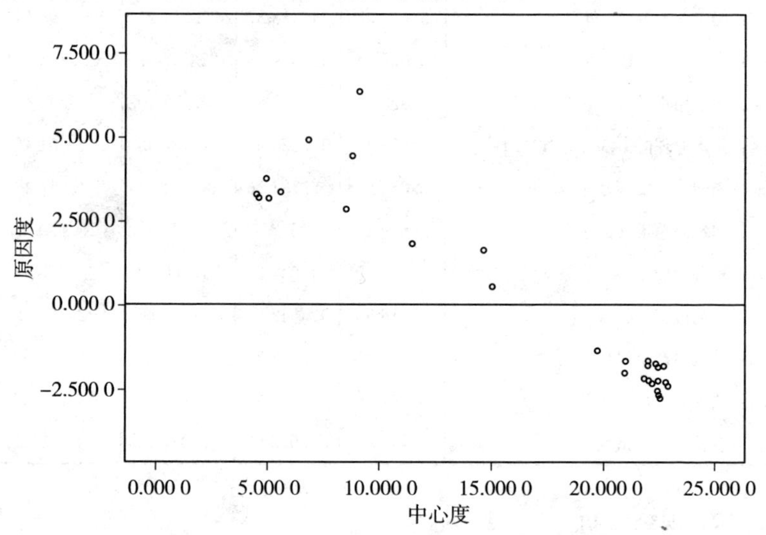

图 7-6　中心度与原因度分布散点图

通过模型结果分析发现：影响北京奶业可持续发展的 5 个关键指标是乳制品进口量、农村居民人均年乳制品消费量、乳制品市场容量、人均可支配收入和乳制品市场占有率。其中 4 个指标属于市场与消费要素，1 个属于社会与文化要素。通过进一步分析，北京奶业可持续发展面临的核心问题指标是乳制品进口量；解决问题的驱动指标是牛奶固形物数量、乳制品消费占食品消费支出的比重、粪便清运量、亏损企业占企业总数百分比、大规模养殖场奶牛年平均物质与服务费用等。

①乳制品进口量。是反映北京市乳制品市场对外依赖程度的重要指标。近年来，随着北京市乳制品需求量的快速增长，乳制品需求日益增强，当北京市乳制品供给量不足时，就需要大量进口国外乳制品来填补乳制品销售的空缺。根据《2014 年中国奶业年鉴》统计和本文计算，北京市乳制品进口量（折合成液态奶形式），由 2009 年的 37 281.18 吨增长到 2013 年的 145 621.23 吨，5 年增幅近 300%。乳制品进口量的大幅度提高在一定程度上说明了北京市乳制品市场消费能力的提升。但从长远角度出发，过度依赖国外乳制品进口，不利于北京奶业可持续发展。若要减少对国外乳制品的依赖程度，最重要的是要增强北京奶业自我保障能力。通过技术进步，增强奶牛单产。发展适度规模化奶牛养殖，大力推广“种养结合”发展模式，降低奶牛养殖成本，提高土地利用效率，从根本上提高北京奶业市场竞争力。

②农村居民人均年乳制品消费量。近年来，北京郊区经济发展水平不断提高，但不可否认的是，北京市城乡二元结构并没有发生根本的改变，城乡发展差距依然很大。2012 年，北京农村人均年乳制品消费量为 12.5（千克/人）与北京市城镇居民乳制品消费水平仍有较大差距。农村是未来北京市乳制品消费的潜在增长点。要提高农村居民乳制品消费能力，根本途径是改革城乡户籍管理制度，使城乡劳动力能够自由流动，平等就业，提高农村居民人均可支配收入。

③乳制品市场容量。是衡量一地区乳制品市场潜力的重要指标。经本文估算，2013 年北京市乳制品市场容量约为 143 亿，同比增长 65%，与乳制品需求量基本保持同步增长。保持乳制品市场容量继续快速稳定增长的途径有 3 个：一要继续保持人均可支配收入的稳定增长；二要促进企业不断进行科技创新，产品使用价值的提高可以吸引更多的消费，成本的降低可以使产品更

加具有市场竞争力，从而达到市场容量扩大的目的；三要鼓励部分企业走出国门开拓国外市场，为国内市场容量腾出空间。

④人均可支配收入。是衡量城乡居民收入水平的重要指标。收入决定了消费，而消费是市场发展的根本动力，据《北京统计年鉴 2014》统计，北京市近 5 年来，人均可支配收入由 2008 年的 24 725 元增长到 2013 年的 40 321 元，5 年增幅为 63%，基本保持平稳增长趋势。在社会性指标中，人均可支配收入是影响北京奶业市场可持续发展的决定性指标。只有不断提高城乡居民的收入水平，缩小城乡居民收入差距，不断拓宽社会工资渠道，才能保证北京城乡居民乳制品消费能力不断增强，从而推动北京奶业实现可持续发展。

⑤进口乳制品市场占有率。是衡量北京奶业市场受冲击程度的重要指标。根据《中国奶业年鉴 2014》相关数据统计和本文估算，近五年内，北京奶业市场进口乳制品市场占有率从 2008 年的 12.91%增长到了 2013 年的 35.14%，5 年增幅为 22.23%。说明北京奶业市场近年来受国外冲击程度逐渐增强，不利于奶业实现可持续发展。最近频发的“倒奶杀牛”事件的重要原因就是过度依赖国外进口乳制品（尤其是奶粉），由于我国奶牛养殖饲料、人工成本过高，导致许多大型企业为了追逐利益，大量进口国外原料奶，拒收国内奶农牛奶。当国际奶价大幅下跌，原本脆弱的国内奶牛养殖业就处在了崩溃边缘。为了应对国外乳制品市场冲击，北京各大规模养殖场要积极转变经营方式，发展适度规模化的“种养结合”模式养殖。大型乳品加工企业，要不断加快国际化发展步伐，只有乳品加工企业具备国际市场竞争力，才能从根本上保护本国奶牛养殖业的安全。

三、北京奶业可持续发展面临的主要问题

北京市是我国主要的乳品消费市场，发展定位为都市型奶

业。特点是奶业基础好、消费市场庞大和地缘优势明显。但北京奶业在可持续发展的过程中依然面临一些问题。

（一）奶牛养殖成本逐年攀升

奶牛养殖成本是制约奶牛养殖实现可持续发展的重要因素，若其上升，不仅会降低农户生产的积极性，也会对下游乳品企业的发展产生不利影响，尤其会增加乳品加工企业对原料奶成本的承受压力，而这些压力最终会转移到广大消费群体身上。近年来，北京市奶农养殖成本受饲料价格上涨、人工成本攀升、国外奶业市场冲击等因素影响，不断攀高。奶业基础环节承受的成本压力日益增长。因此，降低奶牛养殖成本对于北京奶业实现可持续发展，至关重要。

（二）乳品加工企业运营能力不强

据《2013 中国奶业年鉴》统计，北京市现阶段共拥有乳品加工企业 28 家，亏损企业占企业总数百分比维持在 50%左右，其中 90%的乳品加工集中在蒙牛、伊利、三元、光明、达能 5 家大型乳品加工企业，其余 10%的乳品加工被剩余的 23 家中小型乳品加工企业瓜分，这体现出了北京市乳品加工行业资源分布不均和整体加工能力偏弱。乳品加工环节是沟通奶牛养殖环节和市场消费环节的纽带，若乳品加工行业长期处于运营能力较弱的状态，会降低中小加工企业的生产积极性，也会影响整体加工环节的质量。

（三）奶业市场竞争不断加剧

1. 奶牛饲养效率有待提高　尽管北京奶牛养殖业近年来饲养技术水平不断提高，饲养设备不断更新，饲料品质不断优化，但是，2012 年北京市成母牛平均单产 6.6 吨仍低于天津市（7.3 吨）、上海市（8.4 吨）等都市型奶业城市，整体饲养效率依然有待提高。

2. 奶业市场结构单一 北京市乳品企业的产品种类丰富，但产品形式单一，液态奶主要以酸奶、高温灭菌奶、巴氏消毒奶为主，与西方国家产品形式相比，竞争优势并不明显。

纵观西方国家奶业发展之路，其共同点是大力发展高品质的液态奶，从而适应不同人群的需要，增强自身市场竞争力。

3. 市场预警机制有待完善 近年来，随着北京市乳制品需求量的快速增长，对国外进口乳制品的依赖程度日渐加深，但至今北京奶业都没有形成一套完整健全的市场预警机制。建立健全一套完整的市场预警机制，加强自我保障能力，对于北京奶业实现可持续发展至关重要。

4. 奶业市场垄断程度过高 目前，我们通过调研发现，北京奶业市场集中率 CR8* 已经明显大于 70%，市场份额集中在蒙牛、伊利、三元、光明、达能等大型乳品加工企业，属于极高寡占型垄断。行业垄断程度过高会提高市场准入门槛，降低市场活力和创新能力，不利于北京奶业实现可持续发展。

（四）水资源日益匮乏

据《北京市水资源公报》统计，2013 年北京市水资源总量为 24.81 亿米^3，人均水资源占有量为 117 米^3，北京市作为资源型重度缺水特大城市，水资源总量常年处于较低水平，形势不容乐观，加之近年来城市快速发展和人口过快增长，首都水资源供需矛盾日益突出。

（五）养殖业环境污染不断加剧

近年来，北京奶业积极向着规模化、集约化方向发展，500

* CR8：根据美国经济学家贝恩和日本通产省对产业集中度的划分标准，将产业市场结构粗分为寡占型（CR8≥40%）和竞争型（CR8＜40%）两类。其中，寡占型又细分为极高寡占型（CR8≥70%）和低集中寡占型（40%≤CR8＜70%）。

头以上的大规模奶牛养殖场有 119 家，这在有效降低奶牛养殖成本的同时，也带来了严峻的环境压力。随着奶牛存栏量的提高，大量的牛粪由于无法及时处理或处理不当的原因，为周围的自然环境带来了不小的压力。尤其粪水的大量排放导致了水体污染问题加剧，若环境污染问题不得到有关部门的及时关注，日后必将会成为阻碍北京奶业可持续发展的重要因素。

四、对策建议

目前，北京奶业经过了多年的发展，已经逐步走上了可持续发展的道路，奶业产业链的各个环节在发展过程中相互支撑，共同发展。但一些制约北京奶业可持续发展的因素依然存在。所以，在此大背景下，本研究提出了促进北京奶业可持续发展的政策建议如下：

（一）降低奶牛养殖成本

从政府层面出发，可以加大补贴和科技扶持力度，规范项目收费，健全市场机制，从宏观层面，保证整体奶牛养殖成本维持在一个稳定范围之内。

从产业层面出发，企业应当加强科技研发投入的力度，帮助农户分担养殖风险和成本。同时，加强与农户的联系，使奶牛养殖环节与乳品加工环节的联系更加紧密。

（二）提升乳品加工企业运营能力

从政府层面出发，要加大对中小型乳品加工企业的扶持力度，适当的给予引进先进设备和管理人才方面的补贴。

从企业层面出发，要坚持财务指标和非财务指标分析并重的原则，使用更为人性化的绩效考核标准。

（三）增强奶业市场竞争力

从政府层面出发，建议通过制定和实施反垄断法，限制并购，限制企业间托拉斯、价格联盟等行为，加强奶业市场的反垄断力度，并组织专家学者建立一套可行的奶业市场预警机制，用于分析和抵御国外奶业市场冲击。

从产业层面出发，建议企业改善单一的产品结构，加大对新品种的研发力度，增加产品附加值，满足市场需求，提升自身市场竞争力。

从奶农个体养殖出发，要积极响应政府号召，提高奶牛单产和饲养效率，合理节约利用有限的土地资源，降低各项成本，使饲养效率达到最大化。

（四）提高资源利用效率

1. 提高水资源利用效率 发展节水奶业，提高奶牛养殖环节水资源利用效率。

首先，从政府宏观层面出发，可以出台一些奶业节水政策，并组织专家学者赴基层牛场进行节水宣传培训，邀请奶农参加节水技术推广会议，定期评选节水示范牛场并对其进行表彰和奖励。

其次，从奶农自身层面出发，要树立忧患意识和高效意识，积极响应政府号召，培养节水意识，从粗放型养殖向规模化、集约化型养殖转变。

2. 推行“种养结合”新模式 政府积极推行“种养结合”的养殖模式，号召奶农最大限度的利用土地资源，实现“零污染一体化”经营。

（五）增强粪污处理能力

1. 加大环保饲料的研发力度 开发环保型饲料，在饲料中添加除臭剂等生态制剂，有效改善奶牛肠道消化能力，最终达到减少有害物质排放的目的。

2. 推广粪污处理技术　从政府层面出发，大力推广牛粪的无害化处理技术；加大对粪污处理设备的补贴；在制度建设方面，加强政府引导和激励作用。

（六）加强奶业文化宣传

北京市政府可以利用媒体宣传优势，加大对奶业文化的宣传力度，培育人民群众消费乳制品的习惯，潜移默化的增强市民对于奶业文化的认同感。还可以出台一些优惠政策，加大对北京奶业文化产业的扶持力度，最大限度挖掘奶业市场潜力，进一步延长奶业产业链。

第八章 中国乳制品进出口贸易特征及预警

BP（Back Propagation）神经网络模型是目前应用最广泛的神经网络模型之一，主要运用于房地产、财务风险预测、部分产业等方面。王楠（2010）应用BP神经网络模型对房地产市场做了预警研究，建立了13个警兆指标，收集了武汉市近几年来指标数据，对武汉市房地产市场进行了实证研究；丁真真（2012）利用BP神经网络模型对快速消费品上市公司财务风险预警做了系统研究；李春花（2013）构建了我国海外直接投资国家风险的预警模型，并运用收集到的我国海外直接投资的10个主要流向国2004—2011年相关数据，对预警模型进行了模拟应用；袁丹（2010）、朱燕妮（2008）分别对制造业、房地产上市公司财务情况做了预警研究；吴清华（2010）运用BP神经网络分析1990—2007年的样本，对油菜产业风险预警进行了实证研究，验证了利用BP神经网络构建的风险预警具有实用性和可行性，从而为中国油菜产业风险预警构建了一个有效的模型；刘芳（2013）建立了生猪市场价格预警模型，并以2009年1月至2011年8月共计32个月的数据进行了数据模拟和预测，并在此基础上提出了政策建议。尽管如此，仅有少数学者将BP神经网络模型运用于我国奶业研究中，马国巍（2011）运用BP神经网络模型对我国乳业发展规模做了预测分析，在分析BP神经网络的结构和学习过程的基础上，以1978—2009年的中国乳业规模发展数据为基础，以奶牛年末存栏数（千头）、奶牛养殖业产值、畜牧业总产值等单个变量作为输入、中国奶牛产量作为输出，构建了基于

BP 神经网络的中国乳业发展规模预测模型。

再者，我国奶牛产业损害预警尚处于起步阶段，BP 神经网络模型在奶牛产业损害预警的应用还未成熟，本研究将 BP 神经网络模型应用于我国奶牛产业损害预警模型中，并以 2011 年数据进行了模型预测，结果表明，2011 年，我国奶牛产业损害预警结果为“轻度风险”。

一、我国奶牛产业损害预警体系构建

本研究所设计的奶牛产业预警指标主要是根据产业损害理论，以及国家的有关规定，并结合奶牛产业自身特点而设计的。具体包括进口数量影响指数、进口价格影响指数、国内产业影响指数以及与其他相关指标影响指数 4 个层次共 9 个指标，如表 8-1所示：

表 8-1　我国奶牛产业损害预警指标体系

总指标(目标层)	一级指标（准则层）	二级指标（方案层）	指标说明
奶业损害预警模型指标	进口数量影响指数	进口数量变化率	定量指标
	进口价格影响指数	进口价格变化率	定量指标
	国内产业影响指数	国内乳制品销售价格变化率	定量指标
		税前利润率变化率	定量指标
		进口占市场份额变化率	定量指标
		国内销售数量变化率	定量指标
		人均工资水平变化率	定量指标
	其他相关指标	国内奶业相关政策的影响	定性指标
		国内乳品企业竞争的影响	定性指标

（一）指标的计算方法及数据来源

1. 进口数量变化率　进口数量变化率反映我国近年来从国

外进口乳制品的数量变化，数据来源于中国海关信息网。计算公式为：进口数量变化率=（乳制品进口数量－上年同期该乳制品进口数量）/上年同期该乳制品进口数量×100%。

2. 进口价格变化率 进口价格变化率反映我国近年来从国外进口乳制品的进口价格变化，数据来源于中国海关信息网，计算公式为：进口价格变化率=（乳制品进口价格－上年同期该乳制品进口价格）/上年同期该乳制品进口价格×100%。

3. 平均单价变化率 该指标反映乳制品进口对我国乳制品价格水平的影响，数据来源于中国价格信息网，计算公式为：平均单价变化率=（乳制品平均单价－上年同期该乳制品平均单价）/上年同期该乳制品平均单价×100%。

4. 销售利润变化率 该指标反映乳制品进口对我国乳品企业利润的影响程度，数据来源于《全国农产品成本收益资料汇编》中奶牛养殖“成本利润率”代替。

5. 进口占市场份额变化率 该指标反映进口乳制品在我国乳制品市场的市场占有情况，占有量越大，对我国本国乳制品市场的影响越大，数据来源于中国奶业协会与中国海关信息网，计算公式为：进口占市场份额变化率=（乳制品进口占市场份额－上年该乳制品进口占市场份额）/上年该乳制品进口占市场份额×100%，乳制品进口占市场份额=乳制品进口数量/（该乳制品本国产量＋该乳制品进口数量－该乳制品出口数量）×100%。

6. 国内销售数量变化率 该指标反映进口乳制品对我国乳制品销售数量的影响程度，数据来源于中国海关信息网与《中国奶业年鉴》，计算公式为：国内销售数量变化率=（乳制品销售数量－上年同期该乳制品销售数量）/上年该乳制品销售数量×100%，其中，国内销售数量=本国产量－乳制品出口数量。

7. 人均工资水平变化率 该指标可间接反映乳制品进口对我国乳品加工企业的影响，数据来源于《全国农产品成本收益资料汇编》中“人工成本”，计算公式为：人均工资水平变化率=

(人工成本－上年人工成本)/上年人工成本×100%。

8. 国内需求减少及消费方式的变化、国内产业经营管理变化的影响、国内外竞争状况的影响　国内需求减少及消费方式的变化、国内产业经营管理变化的影响、国内外竞争状况的影响为3个定性指标，为与进口无关的指标，可通过专家打分法获得。

（二）奶牛产业损害预警指数

该指数是本研究构建的奶牛产业损害预警体系的综合指数，是概括了各反映指标对预测期奶牛产业损害的综合评价，是预警体系的核心指标，其值域为（－1，1）。本研究设定［0.9～1］，［0.8～0.9］，［0.6～0.8］，［0.4～0.6］，［0.2～0.4］和［0～0.2］共6个区间，分别代表绝对安全、安全、轻度风险、中度风险、高度风险和危机。

9个指标中，2个为不可量化指标，将7个指标作为变量以拟合历史期的奶牛产业损害预警范围得出最合理的权重，则7个指标的加权平均数就是最终的奶牛产业损害预警总指数。

二、基于BP神经网络模型的奶牛产业损害预警

本研究选取BP神经网络的研究方法来对7个变量奶牛产业损害预警进行分析，并通过2011年数据进行了模型拟合。

（一）BP神经网络模型

BP（Back Propagation）网络是1986年由Rumelhart和McCelland为首的科学家小组提出的，是一种按误差逆向传播算法训练的多层前馈网络，是目前应用最广泛的神经网络模型之一。其最基本的是三层网络形式，输入层输入向量为X（x_1，x_2，…x_i…，x_n）T，隐层输出向量为Y（y_1，y_2，…y_i…，y_m）

T，输出层输出向量为 O（o_1，o_2，$\cdots o_k\cdots$，o_l）T，期望输出向量为 D（d_1，d_2，$\cdots d_k\cdots$，d_l）T。输入层到隐层之间的权值矩阵为 V（v_1，v_2，$\cdots v_j\cdots$，v_m），其中列向量 V_j 为隐层第 j 个神经元对应的权向量。隐层到输入层之间的权值矩阵用 W（w_1，w_2，$\cdots w_k\cdots$，w_l）表示，其中列向量 W_k 为输出层第 k 个神经元对应的权向量。该模型首先需要一组样本进行训练，再使用另一组具有同样属性的样本进行测试，通过模型准确度的评价对结果进行评价，并根据模型给出的预测结果进行进一步研究选择。

（二）BP 神经网络预警模型的建立

由于各指标之间存在着数量级差异等问题，本研究将前述 7 个定量指标作为网络输入的 7 个神经元，涉及了从 2004—2011 年 8 年的数据，如表 8-2、表 8-3 所示，并对表中数据进行归一化处理，使其结果在［−1，1］区间内。本研究选取 7 个训练样本，一个测试样本，利用三层 BP 网络模型，该模型的输入单元为 7 个，分别为进口数量变化率、进口价格变化率、国内乳制品销售价格变化率、税前利润变化率、进口占市场份额变化率、国内销售数量变化率、人均工资水平变化率。在奶业损害预警系统中，输出变量应当是对每一年我国奶业损害安全状况警度的判断。本研究将 AHP 综合评价结果作为输出目标节点。

表 8-2　BP 神经网络奶业损害预警相关指标值

单位：%

年份	进口数量变化率	进口价格变化率	国内乳制品销售价格变化率	税前利润变化率	进口占市场份额变化率	国内销售数量变化率	人均工资水平变化率	预警指数
2004	10.12	11.83	2.34	−17.19	−15.48	31.15	12.01	3.19
2005	−7.67	7.19	−0.46	−14.66	−32.39	38.18	15.08	3.25
2006	32.04	6.78	11.93	−25.30	−2.50	13.03	0.02	2.30

（续）

年份	进口数量变化率	进口价格变化率	国内乳制品销售价格变化率	税前利润变化率	进口占市场份额变化率	国内销售数量变化率	人均工资水平变化率	预警指数
2007	8.55	40.10	5.33	20.05	−29.06	11.44	5.61	3.01
2008	17.54	−11.43	27.24	37.91	15.06	1.41	13.80	2.12
2009	70.04	−34.97	0.00	1.76	57.07	7.34	5.60	1.61
2010	24.84	53.19	1.22	4.91	11.33	11.65	24.10	3.31
2011	21.58	1.08	7.25	16.37	9.88	10.53	24.93	3.27

注：数据来源于《中国奶业年鉴》、《全国农产品成本收益年鉴》、《中国海关信息网》，并经作者计算整理。

表 8－3　BP 神经网络奶业损害预警指标归一化预处理后数据

单位：%

年份	进口数量变化率	进口价格变化率	国内乳制品销售价格变化率	税前利润变化率	进口占市场份额变化率	国内销售数量变化率	人均工资水平变化率	预警指数
2004	−0.527	0.094	−0.489	−0.941	−0.597	1.249	−0.072	0.661
2005	−1.307	−0.073	−0.793	−0.823	−1.183	1.813	0.275	0.753
2006	0.435	−0.088	0.550	−1.320	−0.147	−0.206	−1.426	−0.700
2007	−0.596	1.117	−0.165	0.797	−1.068	−0.333	−0.795	0.386
2008	−0.201	−0.747	2.208	1.630	0.462	−1.138	0.131	−0.975
2009	2.101	−1.599	−0.743	−0.057	1.918	−0.662	−0.796	−1.755
2010	0.119	1.591	−0.611	0.090	0.332	−0.316	1.294	0.845
2011	−0.024	−0.295	0.043	0.625	0.282	−0.406	1.388	0.784

注：数据来源于作者计算整理。

（三）变量重要性及模型拟合结果分析

本研究采用 SPSS CLEMENTINE 12.0 软件，对表中数据进行 BP 神经网络建模，其中 2004—2010 年的数据为历史数据，作为训练集样本，随机数种子设置经过多次试调，最终选为 10，设定样本训练率为 80%，得到网络学习精度 99.98%，模型拟合结果说明神经网络学习精度很好，模型还分析出在该权重序列下每个输入变量对预警指数的重要性。从图 8-1 中可以观察到重要性由进口价格变化率至国内乳制品销售价格变化率从高到低排列。

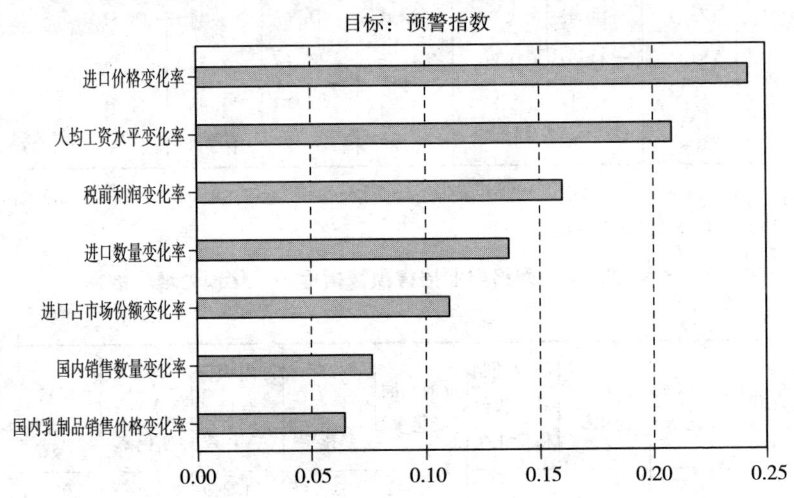

图 8-1　奶牛产业损害预警指数 BP 神经网络输入变量重要性

利用上述已经训练好的 BP 网络模型，可以对未来某一年份的奶业安全状况进行预警分析。根据未来某一年份各项指标的原始预测指标，如 2011 年，假设各指标为预测值，将其代入训练得到的神经网络中，得到输出值 0.773 2，处于［0.6～0.8］之间，属于轻度风险状态，值得引起关注。这与前文采用 AHP 综合评价法所得结果基本一致。

三、BP 神经网络在中国奶业损害预警中的应用评价

BP 神经网络在中国奶业损害预警中的应用，是我国奶业损

害预警方法中的一个新尝试，为我国奶业损害预警方法提供了一个新思路，本研究针对奶业损害预警问题，将 BP 神经网络引入其中，根据影响我国奶业损害的因素及奶业自身特点构建奶业损害指标体系，并建立了奶业损害预警模型，结果表明，该模型预测精度较高，一旦建立预警模型，预测变得非常简便，只需输入样本监测数据，很快获得预警结果。本研究利用 BP 神经网络模型的缺陷在于原始数据以年为单位，数据较少，由于影响我国奶业损害的因素非常复杂和多变，定性指标及一些不可控因素等原因，本研究所使用的指标体系可能仍然偏少，但尽管如此，BP 神经网络模型在一定程度上较好的实现了我国奶业损害预警功能，值得深入研究。

四、对策建议

保护我国奶牛产业健康发展，除奶牛养殖、乳制品加工、消费各环节外，乳制品贸易环节也需引起重视，我国需制定合理的关税政策、建立奶牛产业损害预警信息平台以保护我国奶业的健康发展。

（一）制定合理的关税政策，保护我国奶业发展

政府部门一直在为发展国内乳制品产业做着努力，但我国奶业关税税率依然存在着名义税率高于实际税率，这影响了国际上对我国加入 WTO 的协议的履行评价，扭曲了关税的涉外作用，影响到了我国的国际形象，在一定程度上反映了我国进口商品关税税率制定的不够合理。在调整关税时应考虑对国内生产的影响。国内生产能力不足而需求量大的乳制品可采取低关税政策，对国内生产基本能够满足国内需求，竞争力不强的产品应采取高关税限制其部分进口，对国内需求量少，高附加值的产品可采取低关税。在此基础上，应在遵守国际贸易准则的条件下采取适宜

的非关税保护措施依法保护本国奶业，充分使用符合 WTO 规则的“绿箱”政策，适当运用“黄箱”政策来保护和发展我国奶业。

（二）建立奶牛产业损害预警信息平台，防范国外乳制品过量进口的冲击

我国加入 WTO 以后，乳制品非关税贸易壁垒进一步削减，关税趋于降低，而乳制品进口主要来源地却存在着不同程度的倾销和补贴，针对这种存在于国际贸易中的不公平行为，运用世贸组织规则允许的反补贴、反倾销和保障措施来维护本国乳业的利益是我国的权利，我国应建立和完善奶业损害预警机制，通过对乳制品进口数量、价格及国内生产情况等重要参数的监测，分析乳制品进口对国内产业的影响，发布产业受到实质性损害、实质性损害威胁或阻碍发展的预警。防范国外乳制品过量进口对我国奶牛产业造成的冲击。

（三）建立信息定期发布制度，增强消费者的信心

随着居民生活水平的提高，膳食结构不断改善，奶制品消费需求保持增长，而中国发生的乳制品安全事件削弱了消费者对中国乳制品的信心，不少消费者倾向于进口乳制品，政府在启动“学生奶”计划的同时还应通过各种途径扩大宣传，增强国民对乳制品的消费观念，还应给消费者普及有关还原奶和鲜奶质量、营养方面的知识，建立信息定期发布制度，增强消费者的信心。

附　　录

附录1　2014年北京市畜禽养殖场和养殖小区名录

序号	区(县)	养殖场（小区）名称	场址	存栏
1	昌平	中国人民解放军总参通讯部生活供应服务中心	马池口镇辛店村北	230
2	昌平	北京三石奶牛场	流村镇西峰山村	315
3	昌平	京昌阳养殖场	阳坊镇西马坊村村南	270
4	昌平	北京土楼富民奶牛场	马池口镇土楼村西	200
5	昌平	北京春山奶牛场	沙河镇松兰堡村	330
6	昌平	中国农业机械化科学研究院北京农机试验站	沙河镇王庄村	470
7	昌平	北京三元绿荷奶牛养殖中心三分部北郊一牛场	沙河镇七里渠南村	1 958
8	昌平	三元绿荷北郊三牛场	北七家镇燕丹村	1 500
9	昌平	北京兴寿文庆养殖场	兴寿镇兴寿村	200
10	昌平	北京市小辛牛场	东小口镇小辛庄村	210
11	昌平	北京兴发旧县奶牛场	城南街道旧县村	526
12	昌平	南口二牛场	南口镇南口农场西南	2 250
13	昌平	南口三牛场	南口镇南口农场南	1 210
14	昌平	北京南口满仓种养殖专业合作社	南口镇南辛路南一区	202
15	朝阳	北京三元绿荷奶牛养殖中心朝阳分部(辛堡牛场)	黄港乡上辛堡村南	617

（续）

序号	区(县)	养殖场（小区）名称	场址	存栏
16	朝阳	北京三元绿荷奶牛养殖中心朝阳分部（北牛场）	金盏乡皮村	946
17	大兴	创新崔营奶牛养殖小区	榆垡镇崔指挥营村	336
18	大兴	北京望隆养殖专业合作社	榆垡镇刘各庄村	200
19	大兴	万牧霖沅奶牛养殖小区	榆垡镇南化各庄村	320
20	大兴	北京榆垡大盟养殖中心	榆垡镇西麻各庄村	210
21	大兴	北京悦然牧业有限公司	礼贤镇黎明村村委会北	500
22	大兴	北京大辛庄京辛养殖场	礼贤镇西良各庄村	330
23	大兴	北京义鹏养殖场	礼贤镇东安村	1 568
24	大兴	田营腾龙奶牛场	礼贤镇田家营村	0
25	大兴	天天亿佰奶牛专业合作社	礼贤镇大马坊村南568米	0
26	大兴	北京礼贤龙头奶牛养殖场	礼贤镇龙头村北2 000米	0
27	大兴	北京江隆海昌仓储服务中心	礼贤镇一村中学东100米	20
28	大兴	北京亿盛发养殖有限公司	魏善庄镇赵庄子村	800
29	大兴	北京三元绿荷奶牛养殖中心太和牛场	魏善庄镇前苑上村北200米	700
30	大兴	北京合兴聚养殖有限公司	魏善庄镇大狼垡村北50米	900
31	大兴	北京会文伟业养殖场	魏善庄镇查家马坊村东50米	350
32	大兴	北京天元顺通养殖有限公司	魏善庄镇前苑上村委会北600米	500
33	大兴	北京绿荷牛业有限责任公司（创辉牛场）	采育镇大皮营村南	1 231

（续）

序号	区(县)	养殖场（小区）名称	场址	存栏
34	大兴	北京采育宏伟养殖场	采育镇东潞州	220
35	大兴	北京宏兴成养殖有限公司	采育镇龙门庄村	600
36	大兴	北京康奶兴奶牛专业合作社	采育镇凤河营村	200
37	大兴	北京诚鑫强养殖有限公司	长子营镇牛坊村	600
38	大兴	北京长子营保顺养殖场	长子营镇潞城营村	500
39	大兴	北京长子营福瑞生养殖场	长子营镇东北台村委会南	600
40	大兴	北京留民营星光养殖场	长子营镇留民营村南	200
41	大兴	北京永利益隆养殖场	安定镇大渠村东北50米	300
42	大兴	北京尹守旗养殖场	安定镇佟营村养殖小区	260
43	大兴	北京通顺广元养殖场	安定镇通马房村东	300
44	大兴	北京安定凤海养殖场	安定镇西白塔村南1 500米	400
45	大兴	北京安怡牧业有限公司	安定镇佟家务村	2 000
46	大兴	北京安定棚枫养殖场	安定镇后安定村	1 400
47	大兴	阳光达旺（原佟营养殖西小区）	安定镇佟营村养殖小区	280
48	大兴	北京海源奶牛养殖有限公司	黄村镇海子角	331
49	大兴	北京芦城阵宇养殖场	黄村镇宋庄村	400
50	大兴	北京康祝养殖中心	黄村镇郭上坡村村委会南500米	815
51	大兴	北京青平养殖有限公司	青云店镇西鲍村	450
52	大兴	北京华成牧业有限公司	青云店镇西鲍辛庄村委会东1 000米	260
53	大兴	北京裕民伟业养殖场	青云店镇石州营村南	60
54	大兴	北京青云店福瑞奶牛养殖场	青云店镇五村	430

（续）

序号	区(县)	养殖场（小区）名称	场址	存栏
55	大兴	北京盛泰园奶牛养殖场	青云店镇东孙村东南6米	130
56	大兴	北京垡上荣庆奶牛场	青云店镇西大屯村	250
57	大兴	北京天盛奶牛场	青云店镇东鲍村东100米	500
58	大兴	北京太和秀芬光杰养殖场	青云店镇马凤岗村	200
59	大兴	北京亿牧银丰奶牛专业合作社	青云店镇马凤岗村	385
60	大兴	北京市三元绿荷奶牛养殖中心金银岛牧场	庞各庄镇保安庄村西	2 500
61	大兴	北京九州通达科技有限公司	庞各庄镇薛营村	500
62	大兴	庞各庄惠东家畅养殖小区	庞各庄镇西黑垡村南	320
63	大兴	北京首农畜牧发展有限公司金星牛场	西红门镇振亚庄南	2 200
64	房山	北京中加永宏科技有限公司（赵营牛场）	琉璃河镇赵营村	830
65	房山	北京三力源牧业发展有限公司	琉璃河镇韩营村	1 000
66	房山	北京森茂种植有限公司	窦店镇兴隆庄	500
67	房山	北京市窦店伟业奶牛场	窦店镇窦店村	400
68	房山	北京双萍养殖有限公司	长沟镇双磨村	666
69	房山	北京三元绿荷奶牛养殖中心长阳分部（二场）	长阳镇扬庄子村	1 338
70	房山	北京三元绿荷奶牛养殖中心长阳分部（三场）	长阳镇保合庄村	1 295
71	房山	北京三元绿荷奶牛养殖中心长阳分部（四场）	长阳镇四大队	1 245
72	房山	北京市牧豪养殖有限公司	韩村河镇曹章村	1 000
73	房山	北京圣兴达养殖有限公司	琉璃河镇官庄村	2 500

（续）

序号	区(县)	养殖场（小区）名称	场址	存栏
74	房山	北京长阳益民奶牛专业合作社	长阳镇赵庄村	480
75	房山	北京红山石养殖专业合作社	青龙湖镇漫水河村	500
76	房山	北京兴旺富德养殖有限公司	周口店镇黄院村	400
77	房山	北京市房禧养殖中心	长阳镇赵庄村	387
78	房山	北京万家鼎盛养殖专业合作社	青龙湖镇漫水河村	500
79	怀柔	北京飞鹏万里养殖专业合作社	北房镇安各庄村西南	200
80	怀柔	北京王德山养殖场	北房镇黄吉营村	200
81	怀柔	北京万家兴业种养殖专业合作社	北房镇宰相庄村委会西 1 000 米	200
82	怀柔	北京牛瑞祥奶牛养殖有限公司	北房镇北房村西 588 号	200
83	怀柔	北京万众兴利奶牛养殖专业合作社	北房镇宰相庄村东	450
84	怀柔	北京福禾园养殖专业合作社	杨宋镇梭草村南	350
85	怀柔	北京多多奶牛专业合作社	杨宋镇张各庄村	300
86	怀柔	北京哈哈乐养殖专业合作社	杨宋镇安乐庄村村委会北 500 米	250
87	怀柔	北京富鑫奶牛养殖专业合作社	杨宋镇安乐庄养殖小区	250
88	怀柔	北京华忠奶牛专业合作社	杨宋镇张各庄村委会北 1 000 米	250
89	怀柔	北京茂兴奶牛养殖有限公司	杨宋镇张各庄村南 200 米	450
90	怀柔	北京欧润奶牛专业合作社	杨宋镇四季屯村东 500 米	1 600
91	怀柔	北京市绿荷隆茂奶牛养殖有限公司	杨宋镇梭草村 415 号	200
92	怀柔	北京梭草养殖专业合作社	杨宋镇梭草村东	800
93	怀柔	北京天蓝蓝牧场	杨宋镇梭草村天蓝蓝小区	350

（续）

序号	区(县)	养殖场（小区）名称	场址	存栏
94	怀柔	北京润民奶牛养殖有限公司	杨宋镇梭草村	600
95	怀柔	北京杨宋安乐奶牛养殖专业合作社	杨宋镇安乐庄	200
96	怀柔	北京张各庄奶牛专业合作社	杨宋镇张各庄村村委会南500米奶牛养殖小区	400
97	怀柔	北京永宏奶牛养殖有限责任公司	桥梓镇后桥梓村	400
98	怀柔	北京诚信庄园养殖有限公司	庙城镇大杜两河村	200
99	怀柔	北京日兴奶牛养殖合作社	怀柔镇唐自口村东小区	200
100	怀柔	北京源祥养殖场	北房镇宰相庄村西200米	600
101	怀柔	北京彩云泉养殖场	北房镇宰相庄村北沙坨	650
102	怀柔	北京市年丰奶牛养殖场	杨宋镇南年丰村324号	300
103	怀柔	北京王氏伟业奶牛养殖专业合作社	杨宋镇四季屯村	250
104	怀柔	北京裕丰兴养殖专业合作社	杨宋镇梭草村村委会南500米	350
105	怀柔	北京红林奶牛养殖有限责任公司	桥梓镇岐庄村南	400
106	怀柔	北京市庙城家逵奶牛专业合作社	庙城镇赵各庄村东南200米	400
107	怀柔	北京北房安各庄养殖场	北房镇安各庄村西	600
108	怀柔	北京勃毅奶牛养殖专业合作社	北房镇宰相庄北1 500米	400
109	怀柔	北京牛元乳业有限公司	杨宋镇张各庄村	600
110	怀柔	北京四季栏山奶牛养殖场	杨宋镇四季屯村村委会东1 000米	250
111	密云	北京海联养殖场	东邵渠镇东邵渠村	500
112	密云	北京东联盛业奶牛奶牛养殖专业合作社	东邵渠镇界牌村	300

（续）

序号	区(县)	养殖场（小区）名称	场址	存栏
113	密云	北京益大牧业有限公司	十里堡镇靳各寨村	1 500
114	密云	北京科利达养殖场	十里堡镇靳各寨村	1 000
115	密云	北京统军庄正阳牛场	十里堡镇统军庄村	500
116	密云	北京红运正通养殖场	十里堡镇清水潭村	700
117	密云	北京浅山牧业有限责任公司	十里堡镇庄禾屯村	1 000
118	密云	北京市久兴养殖场	十里堡镇庄禾屯村	800
119	密云	北京市合家欢奶牛养殖场	十里堡镇庄禾屯村	800
120	密云	北京乡元奶牛养殖专业合作社	十里堡镇庄禾屯村	500
121	密云	北京润民养殖有限公司	十里堡镇岭东村	1 000
122	密云	北京茂源奶牛场	溪翁庄镇尖岩村	500
123	密云	北京建军振兴养殖场	穆家峪镇大石岭村	600
124	密云	北京鼎晟誉玖牧业有限责任公司	河南寨镇两河村南	3 000
125	密云	北京华盏养殖场	河南寨镇荆栗园村西	1 000
126	密云	北京康源奶牛有限责任公司	河南寨镇台上村	800
127	密云	兴华奶牛养殖协会	河南寨镇新兴村	300
128	密云	刘富强养殖场	河南寨镇提辖庄村	400
129	密云	北京李各庄奶牛养殖专业合作社	密云镇李各庄村	8 000
130	密云	北京黄土梁奶牛场	高岭镇下甸子村	350
131	密云	北京海华云都生态农业有限公司二场	西田各庄镇河北庄村	3 000
132	密云	北京海华云都生态农业有限公司三场	西田各庄镇康各庄村	10 000
133	密云	北京仁昌奶牛专业合作社	不老屯镇车道岭村	500
134	密云	北京苇子峪养殖专业合作社	北庄镇苇子峪村	500
135	密云	北庄南山奶牛养殖场	北庄镇北庄村	1 000
136	密云	北京北庄虹祥养殖专业合作社	北庄镇苇子峪村	400
137	密云	北京元兴双华奶牛养殖场	北庄镇北庄村下北庄西	200
138	密云	北京润民养殖有限公司	太师屯镇前南台村	420

（续）

序号	区(县)	养殖场（小区）名称	场址	存栏
139	平谷	北京滨河绿洲奶牛养殖场	平谷镇西寺渠村	300
140	平谷	北京兴路庄园养殖中心	大兴庄镇白各庄村	300
141	平谷	北京峡谷盛隆奶牛养殖专业合作社	山东庄镇鱼子山村	500
142	平谷	北京金东牛场	马昌营镇南定福村	300
143	顺义	北京龙头爱民奶牛场	牛栏山镇龙王头村	600
144	顺义	北京市石家营养殖专业合作社	马坡镇石家营村	350
145	顺义	北京市向阳奶牛场	北小营镇北府村	560
146	顺义	北京市马坡肖家坡明仁奶牛养殖场	北小营镇北府村	700
147	顺义	北京中地畜牧科技有限公司	大孙各庄镇赵家峪村	3 000
148	顺义	北京中地种畜有限公司	大孙各庄镇吴雄寺村	1 200
149	顺义	北京小段奶牛合作社	大孙各庄镇小段村	700
150	顺义	北京市东町绪忠奶牛场	大孙各庄镇大塘村	500
151	顺义	北京华晨养殖场	李遂镇陈庄村	420
152	顺义	北京市龙湾承三养殖场	龙湾屯镇丁甲庄村	350
153	顺义	北京望加养殖中心	木林镇马坊村	500
154	顺义	北京天辰乳业有限公司	杨镇小店村	1 270
155	顺义	北京梦渌通养殖有限公司	杨镇小店村	1 000
156	顺义	北京昭阳牧场	杨镇齐家务村	700
157	顺义	北京金顺京北奶牛养殖场	赵全营镇豹房村	600
158	顺义	北京三农嘉华农牧业科技有限公司	赵全营镇西小营村	1 000
159	通州	国营北京市永乐店农场奶牛场（中以示范牛场）	永乐店镇德仁务村	2 000
160	通州	国营北京市永乐店农场三垡奶牛场	永乐店镇三垡村	1 200
161	通州	国营北京市永乐店农场小务奶牛场	永乐店镇小务村	1 200
162	通州	国营北京市永乐店农场半截河奶牛场	永乐店镇半截河村	1 200
163	通州	国营北京市永乐店农场草厂奶牛场	永乐店镇草厂村	1 200

（续）

序号	区(县)	养殖场（小区）名称	场址	存栏
164	通州	北京绿源宇鑫奶牛养殖专业合作社	永乐店镇三垡村	1 000
165	通州	北京市福乐奶牛场	永乐店镇东河村	1 000
166	通州	北京永乐治达养殖场	永乐店镇张各庄村	1 000
167	通州	北京市马驹桥大盟养殖中心	马驹桥镇陈各庄村	200
168	通州	北京里二泗奶牛养殖场	张家湾镇坨堤村	700
169	通州	北京市张辛瑞达奶牛场	张家湾镇张辛庄村	200
170	通州	北京东方古运奶牛养殖有限公司	西集镇武辛庄村西	720
171	通州	北京星宝奶牛场	西集镇郎西村	550
172	通州	北京市西集立成奶牛养殖场	西集镇大沙务村	200
173	通州	北京市涛辉奶牛养殖场	潞城镇谢楼村	500
174	通州	北京市艳苹奶牛场	潞城镇南刘村	400
175	通州	北京市毛丫养殖场	潞城镇大营村	250
176	通州	北京市德瑞养殖场	潞城镇前榆村	600
177	通州	北京宝国奶牛场	潞城镇贾后疃村	300
178	通州	北京金涛养殖场	潞城镇卜落垡村	500
179	通州	北京市通县永乐店区渠头牛场	于家务乡渠头村	2 000
180	通州	三元绿荷第一牧场	于家务乡渠头村东	2 300
181	通州	北京市漷县昌华养殖场	漷县镇草厂村	1 000
182	通州	北京市漷县财兴缘养殖场	漷县镇小香仪村	300
183	延庆	北京东五里营金牛养殖中心	延庆镇东五里营村	400
184	延庆	北京延照富民奶牛养殖中心	延庆镇赵庄村北	1 000
185	延庆	北京奶牛中心良种场	延庆镇奶牛中心延庆基地	1 150
186	延庆	夏都顺兴养殖中心	延庆镇司家营村南	500
187	延庆	北京新华兴源奶牛合作社	永宁镇新华营村	600
188	延庆	北京顺达茂盛奶牛养殖合作社	永宁镇南张庄村	300

（续）

序号	区(县)	养殖场（小区）名称	场址	存栏
189	延庆	北京富岭奶牛专业合作社	永宁镇西灰岭村	450
190	延庆	北京鑫运奶牛养殖场	康庄镇郭家堡村东南	300
191	延庆	华夏巨万高科技发展有限公司	康庄镇西红寺村西南	200
192	延庆	北京忠爱林养殖场	康庄镇四街	350
193	延庆	北京伟博萌养殖合作社	康庄镇张老营村	800
194	延庆	北京兴利鹏奶牛养殖中心	康庄镇大营南	560
195	延庆	源源养殖中心	康庄镇张老营村	300
196	延庆	北京奔鑫园奶牛专业合作社	康庄镇马坊村	600
197	延庆	北京阔达兴业养殖场	康庄镇郭家堡村	400
198	延庆	北京旺龙达奶牛养殖合作社	张山营镇后庙村	510
199	延庆	北京利源永兆养殖中心	旧县镇大柏老村	300
200	延庆	北京茂茂盛奶牛养殖场	旧县大柏老养殖小区	700
201	延庆	北京聚财奶牛养殖场	旧县镇大柏老村	300
202	延庆	北京大地群生养殖专业合作社	香营乡孟官屯村南	400
203	延庆	北京拥军利民奶牛专业合作社	旧县镇大柏老村	300
204	延庆	富香民奶牛养殖专业合作社	香营乡新庄堡村	800
205	延庆	北京香新诚心种植专业合作社	香营乡新庄堡村东	550
206	延庆	北京青山绿水养殖发展中心	旧县镇常里营村西	300
207	延庆	北京市延庆县旧县镇田双贵奶牛养殖场	旧县镇北张庄村南	300
208	延庆	北京常里营养殖专业合作社	旧县镇常里营村东	400
209	延庆	西龙湾奶牛小区	旧县镇西龙湾村西	300
210	延庆	北京金龙腾达养殖场	旧县镇小柏老村南	200
211	延庆	北京闫庄庆丰养殖场	旧县镇闫庄村	300
212	延庆	北京万盛达养殖场	旧县镇大柏老村	300
213	延庆	古城小区	旧县镇古城村	200
214	延庆	大柏老小区五分社	旧县镇大柏老村	200

（续）

序号	区(县)	养殖场（小区）名称	场址	存栏
215	延庆	屈家窑奶牛小区	香营乡屈家窑村南	350
216	延庆	闫庄富壮牧场	旧县镇闫庄村	600
217	延庆	北京天意双兴养殖专业合作社	旧县镇大柏老村西	500
218	延庆	北京市玉光养殖场	旧县大柏老村南	400
219	延庆	北京延柏大柏老聚八方奶牛养殖专业合作社	旧县镇大柏老小区	600
220	延庆	北京源茂鑫旺养殖专业合作社	旧县镇耿家营村西	300
221	延庆	大柏老小区四分社	旧县镇大柏老村	200
222	延庆	北京大吉祥奶牛养殖合作社	四海镇大吉祥村	300
223	延庆	北京鸿福玉祥养殖中心	沈家营镇北梁村	300
224	延庆	北京富农兴牧奶牛养殖合作社	沈家营镇马匹营村北	400
225	延庆	后吕庄奶牛养殖小区	沈家营镇后吕庄村	600
226	延庆	北京金鑫园奶牛中心	沈家营镇八里店村北	600
227	延庆	北京夏都鑫兴奶牛养殖场	沈家营镇沈家营	300
228	延庆	方旭养殖中心	井庄镇井庄村南	300
229	延庆	北京运昌奶牛养殖专业合作社	井庄镇井庄村	500
230	延庆	武爱民养牛专业合作社	井庄镇房老营村	350
231	延庆	北京鸿吉源奶牛养殖场	大榆树镇军营村西	400
232	延庆	北京簸箕营奶牛专业合作社	大榆树镇簸箕营村	450
233	延庆	北京元盛吉养殖专业合作社	大榆树镇簸箕营村	200
234	延庆	北京德大兴旺养殖有限公司	康庄镇马坊村北	600
235	延庆	北京合力奶牛养殖场	康庄镇西红寺村	200
236	延庆	北京通兴顺发养殖专业合作社	张山营镇小河屯村	270
237	延庆	北京万方奶牛养殖专业合作社	旧县镇西龙湾村西	400
238	延庆	北京日升德龙养殖中心	旧县镇米粮屯村西北	1 000
239	延庆	北京利合养殖专业合作社	旧县镇北张庄村南	220

（续）

序号	区(县)	养殖场（小区）名称	场址	存栏
240	延庆	北京富亿盛养殖场	旧县镇车坊村	300
241	延庆	陈三小区	旧县镇大柏老村南	200
242	延庆	双海小区	旧县镇大柏老村	200
243	延庆	北京林兴森旺养殖小区	旧县镇团山村东	500
244	延庆	香村营奶牛养殖小区	沈家营镇香村营村西	500
245	延庆	北京英营养殖场	张山营镇下芦凤村南	274
246	延庆	北京贵华聚源养殖场	井庄镇南老君堂村南	500
247	延庆	北京铁霞养殖专业合作社	大榆树镇下辛庄村	400
248	延庆	南红门奶牛养殖小区	大榆树镇南红门村南	350
249	延庆	农富源养殖中心	大榆树镇东桑园村南	200
250	延庆	北京群群养殖场	沈家营镇孙庄村西	350
251	延庆	北京市建雄养殖有限公司	旧县镇旧县村南	600
252	延庆	北京金牛山养殖中心	刘斌堡村南	400
253	延庆	北京东发奶牛合作社	永宁镇东灰岭村	500
254	延庆	合利养殖场	沈家营镇下郝庄村	300
255	延庆	夏都顺兴养殖中心（众鑫奶牛养殖小区）	永宁镇西山沟村北	300

附录 2　2014 年北京 28 家乳品加工企业

企业名称	产品名称	生产地点	住所	发证日期
北京三元食品股份有限公司乳品一厂	乳制品［液体乳（巴氏杀菌乳、调制乳、灭菌乳、发酵乳）］	北京市朝阳区双桥（双桥乳品厂）	朝　阳	20110221
北京健生饮料有限公司	乳制品［液体乳（发酵乳）］	北京市朝阳区金盏乡黎各庄村	朝　阳	20110221
北京三元食品股份有限公司	乳制品［液体乳（巴氏杀菌乳、调制乳、灭菌乳、发酵乳）、其他乳制品（奶油、干酪）］	北京市大兴区瀛海瀛昌街 8 号	海　淀	20111207
北京华冠乳制品有限责任公司	乳制品［液体乳（发酵乳、灭菌乳）、其他乳制品（干酪等）］	北京市海淀区西二旗中路 29 号	海　淀	20110221
北京建勋食品有限公司	乳制品［液体乳（发酵乳）］	北京市丰台区南苑北马路 6 号	丰　台	20110311
北京圣祥乳制品厂	乳制品［液体乳（发酵乳）］	北京市丰台区辛庄南坡 366 号	丰　台	20110221
北京龙泉乳品公司	乳制品［液体乳（发酵乳）］	北京市门头沟区三家店南宫	门头沟	20110221
奥德华乳品（北京）有限公司	乳制品［液体乳（巴氏杀菌乳、发酵乳）、其他乳制品（奶油］	北京市房山区长沟镇新世纪工业园中轴路 8 号	房　山	20110309
北京市牛奶公司乳品六厂	乳制品［液体乳（巴氏杀菌乳、调制乳、发酵乳）］	北京市房山区长阳镇长韩路 18 号	房　山	20110221

（续）

企业名称	产品名称	生产地点	住所	发证日期
蒙牛乳业（北京）有限责任公司	乳制品［液体乳（巴氏杀菌乳、灭菌乳、调制乳、发酵乳）］	北京市通州区食品工业园区1区1号	通州	20110303
北京三元食品股份有限公司乳品八厂	乳制品［液体乳（巴氏杀菌乳、调制乳、发酵乳）］	北京市通州区永乐店镇柴厂屯村	通州	20110221
北京鑫华星乳业有限责任公司	乳制品［液体乳（发酵乳）］	北京市通州区中关村科技园通州园金桥科技产业基地环科中路15号	通州	20110221
北京科尔沁乳业有限公司	乳制品［液体乳（发酵乳、灭菌乳）］	北京市通州区宋庄镇平家疃工业大院西侧	通州	20110221
北京天辰乳业有限公司	乳制品［液体乳（巴氏杀菌乳、灭菌乳、发酵乳、调制乳）］	北京市顺义区杨镇小店村东（66055部队副食品生产基地）	顺义	20120515
北京光明健能乳业有限公司	乳制品［液体乳（巴氏杀菌乳、发酵乳、灭菌乳）］	北京市顺义区林河工业开发区林河大街14号	顺义	20120213
北京艾莱发喜食品有限公司	乳制品［液体乳（灭菌乳）、其他乳制品（奶油）］	北京市顺义区金马工业区	顺义	20110314

（续）

企业名称	产品名称	生产地点	住所	发证日期
北京军顺乳业有限公司	乳制品［液体乳（巴氏杀菌乳、发酵乳）］	北京市顺义区赵全营镇前桑园村园西路 119 号	顺 义	20110314
北京超凡食品有限公司	乳制品［液体乳（发酵乳）、其他乳制品（干酪、奶油）］	北京市顺义区高丽营镇金马工业区北路 96 号	顺 义	20110221
北京富邦食品厂	乳制品［液体乳（发酵乳）］	北京市昌平区东小口镇小辛庄村	昌 平	20110728
北京吉康食品有限公司	乳制品［其他乳制品（干酪）］	北京市昌平区崔村镇西辛峰村 8 区 6 号	昌 平	20110314
北京三元食品股份有限公司乳品四厂	乳制品［乳粉（全脂乳粉、脱脂乳粉、调制乳粉）、其他乳制品（奶油、干酪）］	北京市昌平区南口镇南阳公路东侧	昌 平	20110221
北京恒兴食品中心	乳制品［液体乳（发酵乳）］	北京市昌平区沙河镇农机试验站	昌 平	20110221
北京和润乳制品厂	乳制品［液体乳（巴氏杀菌乳、发酵乳）、其他乳制品（奶油、干酪）］	北京市大兴区瀛海镇西一村	大 兴	20110311
北京乳旺食品有限公司	乳制品［液体乳（调制乳）］	北京市平谷区北京兴谷工业开发区 8 号区 8 号	平 谷	20110221

（续）

企业名称	产品名称	生产地点	住所	发证日期
北京鸿达乳品有限公司	乳制品［液体乳（发酵乳）、其他乳制品（奶油、干酪）］	北京市怀柔区桥梓镇西茶坞村北	怀　柔	20110314
达能乳业（北京）有限公司	乳制品［液体乳（发酵乳）］	北京市怀柔区雁栖经济开发区雁栖北一街6号	怀　柔	20110221
内蒙古伊利实业集团股份有限公司北京乳品厂	乳制品［液体乳（发酵乳、巴氏杀菌乳）、乳粉（全脂乳粉）、其他乳制品（干酪）］	北京市密云县工业开发区清源路1号	密　云	20110221
北京归原生态农业发展有限公司	乳制品［液体乳（巴氏杀菌乳、发酵乳）］	北京市延庆县康庄镇大营村南500米	延　庆	20110311

附录3　北京乳品企业成长性研究调查问卷

尊敬的先生/女士：

您好！我们是北京现代技术服务体系奶牛产业创新团队产业经济岗位专家组的成员。为了全面了解北京乳品企业的运行情况及未来发展面临的困难，并为北京市政府主管部门制定更加有效的扶持乳品加工企业的发展政策，优化乳品企业的发展环境提供决策参考，恳请你们认真填写我们课题组的调查问卷。对于你们的理解和支持，我们表示诚挚的感谢．我们保证并承诺所获资料仅用于学术研究，问卷调查的结果不会包含个人信息。谢谢您的支持!

问卷和表格编号________

区（县）________街道（乡、镇）________

社区（村）________

被访者姓名________联系电话________填表时间________

第一部分：企业及法人基本情况

1. 法人年龄是

□1　30岁以下　　□2　30～39岁

□3　40～49岁　　□4　50～59岁

□5　60岁以上

2. 法人最高学历是

□1　小学及以下　　□2　初中

□3　高中(中专)　　□4　大学（本专科）

□5　硕士及以上

3. 企业名称________企业的占地面积________亩

企业性质：□1　上市　　□2　非上市

4. 企业生产经营活动的资金，主要来源是：（可多选）

□1　自有资金　　□2　银行信用社贷款
□3　私人借款　　□4　政府扶持基金
□5　专项项目　　□6　其他来源________。

5. 该乳品企业的投入产出比是多少？

2009	2010	2011	2012	2013

第二部分：乳品企业生产运营情况

1. 企业中员工总人数________人，其中：普通职工________人，技术人员________人；管理者________人。
2. 企业员工受教育水平：
本科及以上学历的有________人，专科学历________人，专科以下________人。
3. 企业生产的产品类型（可多选）

□1　液态奶　　□2　发酵奶
□3　乳粉　　□4　干酪
□5　炼乳　　□6　冰淇淋
□7　传统乳制品　　□8　奶油
□9　含乳饮料　　□10　其他________。

4. 企业收购奶源的渠道（可多选）

□1　自建牧场　　□2　奶联社
□3　合作牧场　　□4　规模化农场
□5　大股东旗下牧场　　□6　来自奶站
□7　散养农户　　□8　其他________。

5. 奶源基地管理类型：

□1　养殖专业户、养殖小区或国营奶牛场与乳品企业之间的短期交易　□2　养殖专业户、养殖小区或国营奶牛场与乳品企业之间的长期交易　□3　乳品企业一体化下的原料奶生产与乳品加工　□4　其他________。

6. 该乳品企业与奶站是否有合约关系：

□1 是　　　　　　　　□2 否

7. 该乳品企业与奶站建立合约期限为（年/月）

8. 企业规模（单位：万元/万吨）

项　目	2010	2011	2012	2013
液体乳总产值				
乳粉总产值				
其他乳制品总产值				
液体乳加工量（实际加工量）				
乳粉加工量				
其他乳制品加工量				
产能				

9. 科研创新能力（单位：万元/万吨）

年份	2010	2011	2012	2013
科研经费				
新产品研发数量				
总产品数量				

10. 是否有乳制品在线检测：

□1 是　　　　　　　　□2 否

11. 物流配送能力：

（1）是否有自己的配送中心

□1 是　　　　　　　　□2 否

（2）是否有自己的配送车辆

□1 是　　　　　　　　□2 否

（3）有几辆配送车________　配送车的规模是多大________

12. 该乳品企业的产品覆盖的省份及销售量（单位：万吨）

地区	2010 销售量	2011 销售量	2012 销售量	2013 销售量
北京				
省 1：				
省 2：				
省 3：				
省 4：				
省 5：				

13. 该乳品企业产品的市场占有率是多少？

2009	2010	2011	2012	2013

14. 该乳品企业的销售终端及年销售量（单位：万吨）

项　目	2010	2011	2012	2013
酒店销售量				
餐厅销售量				
超市销售量				
食品加工厂销售量				
小商店销售量				
送往学校				
到户奶				
其他（请注明）				

15. 政府给予贵乳品企业哪种政策的支持？

16. 政府每年对该乳品企业的政策资金扶持多少（单位：万元）

2008	2009	2010	2011	2012	2013

17. 该企业危机处理机构部门是如何处理危机事件的？

18. 近几年危机事件发生次数

2008	2009	2010	2011	2012	2013

19. 危机事件的处理效果

□1 形成了解决问题的对策 □2 与媒体建立了良好的关系

□3 重新建立了安全、健康、诚信的企业正面形象

□4 其他________。

第三部分：财务数据（单位：万元）

项 目	2010	2011	2012	2013
应收账款				
存货				
流动资产				
固定资产				
资产总额				
流动负债				
负债总额				
主营业务收入（销售收入）				
销售收入净额				
主营业务成本				
营业利润				
财务费用				
利润总额				
净利润				

第四部分：专家打分

定性指标	第一档（90～100分）		第二档（80～90分）		第三档（70～80分）		第四档（60～70分）		第五档（60分以下）	
	要求	得分	要求	得分	要求	得分	要求	得分	要求	得分
市场占有率	乳制品在北京27家乳品企业中市场占有率排名前3，产品产销率能达到90%以上		乳制品在北京27家乳品企业中市场占有率排名前5，产品产销率能达到80%以上		乳制品在北京27家乳品企业中市场占有率排名前10，产品产销率能达到70%以上		乳制品在北京27家乳品企业中市场占有率排名前20，产品产销率能达到60%以上		乳制品在北京27家乳品企业中市场占有率排名后10，产品产销率低于60%	
企业家的创新性	富有先进的经营理念，积极创新，在进行决策时总能有科学的论证，工作业绩非常突出		经营理念较先进，有一定的创新能力，在进行决策时大部分有科学的论证，工作业绩突出		经营理念有时先进，有时候能创新，在进行决策时能有较为科学的论证，工作业绩较好		经营理念偶尔先进，偶尔有创新，在进行经营决策时有一般的较为合理的论证，工作业绩一般		经营理念落后，没有创新能力，在进行决策时没有经过思考、论证，工作业绩差	
企业家的协作进取能力	企业家十分重视团队协作能力，有强大的进取心		企业家比较重视团队协作能力，能够积极进取		企业家能够重视团队协作，有时积极进取		企业家偶尔关注协作能力，偶尔进取		企业家不重视团队协作，缺乏积极进取的精神	

（续）

定性指标	第一档（90～100分）		第二档（80～90分）		第三档（70～80分）		第四档（60～70分）		第五档（60分以下）	
	要求	得分	要求	得分	要求	得分	要求	得分	要求	得分
到货及时性	非常及时		比较及时		及时性一般		偶尔不及时		经常不及时	
数量准确性	非常准确		比较准确		准确度一般		偶尔不准确		经常不准确	
产品完好率	非常完好		比较完好		完好率一般		完好率较低		完好率差	
产品稳定性	非常稳定		比较稳定		稳定性一般		稳定性较差		稳定性很差	
产品新鲜度	乳品非常新鲜，当天生产，当天送出		乳品较为新鲜，当天生产，隔天送出		乳品新鲜度一般，当天生产，第二天以后送出		乳品不太新鲜，当天生产，4～5天以后送出		乳品很不新鲜，当天生产，积压很久都没有送出	
产品质量投诉率	0%～2%		2%～5%		5%～10%		10%～20%		20%以上	
新品整体设计	非常好		比较好		一般		不太好		差	
市场对新品的反应	非常满意		较为满意		一般		不太满意		很不满意	

（续）

定性指标	第一档（90～100分）		第二档（80～90分）		第三档（70～80分）		第四档（60～70分）		第五档（60分以下）	
	要求	得分	要求	得分	要求	得分	要求	得分	要求	得分
政策的有利性	国家大力支持乳品行业的发展，地方政府对当地的乳品企业有很多政策性和资金上的扶持		国家支持乳品行业的发展，地方政府对当地的乳品企业有政策性和资金上的扶持		国家支持乳品行业的发展，地方政府对当地的乳品企业有少部分的资金扶持		国家支持乳品行业的发展，但地方政府对当地的乳品企业没有任何政策性和资金扶持		国家不支持乳品行业的发展，地方政府对当地的乳品企业没有任何扶持	
经济环境的支持力	企业所在的地区经济发展良好，人均工资水平高		企业所在的地区经济发展较好，人均工资水平较高		企业所在的地区经济发展一般，人均工资水平一般		企业所在的地区经济发展不好，人均工资水平低		企业所在的地区经济发展差，人均工资水平很低	
竞争程度级别	乳品行业的竞争度很低		乳品行业的竞争度较低		乳品行业的竞争度一般		乳品行业的竞争度强		乳品行业的竞争度很强	
客户满意度	服务态度很好、十分认真，在消费者中有很高的口碑		服务态度好，在消费者中有好的口碑		服务态度较好，在消费者中有一定的口碑		服务态度一般，消费者能够认同		服务态度差，消费者不认同，有抵制消费倾向	
品牌知名度	该乳品的品牌知名度十分高		该乳品的品牌知名度较高		该乳品的品牌知名度一般		该乳品的品牌知名度较低		该乳品的品牌知名度差	

第五部分：开放性部分

1. 奶源安全方面遇到的问题。

2. 企业的成长遇到什么困难。

3. 企业今后的发展目标是什么。

4. 企业发展希望政府搭建的平台政策。

附录 4　消费者对国内外乳制品购买行为研究调查问卷

问卷编号：________　访问员：________

消费者对国内外乳制品购买行为研究

您好：

我们是北京市奶牛创新团队的成员，受北京市农业局委托，了解一下您对乳制品的需求与消费情况，您的回答将有利于我们为北京市乳品加工企业提供营销方案，为政府主管部门开展乳制品市场调控提供借鉴，感谢您的支持与合作！

甄别题：

您的年龄是？

A. 25～65 岁【——继续访问】

B. 25 岁以下或 65 岁以上【——终止访问】

A　乳制品品牌选择部分

A1　您平时购买乳制品吗？

A. 是　B. 否【若回答为“否”——继续 A2 并终止调查】

A2　您从不购买乳制品的原因是：（仅限不购买乳制品消费者回答）

A. 对乳制品质量不信任　B. 没有食用乳制品的习惯

C. 食用乳制品后身体不适　D. 收入水平有限

E. 其他

A3　您购买乳制品的原因是：

A. 营养健康　B. 个人生活习惯

C. 其他饮料替代品　D. 美容养颜

E. 送礼需求　　　　　　　　F. 其他

A4　您都购买过哪些乳制品（多选题）？

A. 液态奶（鲜奶、酸奶）【——如果选择，继续 A5；如不选择，跳过 A5】

B. 奶粉【——如果选择，继续 A6；如不选择，跳过 A6】

C. 其他类别

A5　在购买液态奶（鲜奶、酸奶）时，您会选择什么类别的品牌？

A. 国内品牌　　　　　　　　B. 国外品牌

C. 国内外都有，国内为主　　D. 国内外都有，国外为主

您近期消费的液态奶（鲜奶、酸奶）品牌为（可多选）：

国内品牌	选择	国外品牌	选择
伊利		Oldenburger 欧德堡（德国）	
蒙牛		Suki 多美鲜（德国）	
三元		Weidendorf 德亚（德国）	
光明		Anchor 安佳（新西兰）	
味全		Country Goodness 田园（新西兰）	
现代牧业		Devondale 德运（澳大利亚）	
圣牧		MeadowFresh 纽麦福（新西兰）	
夏进		ASDA 艾思达（英国）	
维他奶		Del leche 得乐思（法国）	
君乐宝		Organic Valley 有机谷（美国）	
其他国内品牌（请注明）		其他国外品牌（请注明）	

A6　您都选择过哪些液态奶（鲜奶、酸奶）品牌？请在空白处按时间顺序填写品牌名称：

________　________　________

________　________　________

A7　在购买奶粉时，您会选择什么类别的品牌？

A. 国内品牌　　B. 国外品牌

C. 国内外都有，国内为主　　D. 国内外都有，国外为主

您近期消费的奶粉品牌为（可多选）：

国内品牌	选择	国外品牌	选择
伊利		美赞臣/MeadJohnson	
蒙牛		惠氏/Wyeth	
贝因美		雀巢/Nestle	
飞鹤		雅培/Abbott	
爱美乐		美素佳儿/Friso	
圣元		可瑞康/Karicare	
雅士利		诗幼乐/Seyala	
光明		牛栏奶粉	
完达山		多美滋	
南山		澳优奶粉	
其他国内品牌（请注明）		其他国外品牌（请注明）	

A8　您都选择过哪些奶粉品牌？请在空白处按时间顺序填写品牌名称：

________　________　________

________　________　________

A9　您在购买乳制品时的品牌选择是：

A. 固定购买 1 个品牌　　B. 固定 2 到 3 个品牌

C. 无固定品牌

A10　您平均每月消费乳制品的支出为：

A. 50 元以下　　B. 50～99 元

C. 100～149 元　　D. 150～199 元

E. 200～249 元　　F. 250 元以上

A11　您经常购买乳制品的地点为：

A. 社区订奶　　B. 路边便利店

C. 超市　　D. 网上（或电视）订购

E. 其他

B　乳制品消费习惯部分

请您根据真实的想法对以下描述表示态度：

题　　目	非常不同意	不同意	一般	同意	非常同意
B1. 我会认真搜集该品牌的有关信息					
B2. 我会注重品牌与社会地位一致性					
B3. 我只选择经常购买的品牌，不愿意更改					
B4. 我会尝试购买熟人向我推荐的品牌					
B5. 我会将忠实的品牌推荐给亲朋好友					
B6. 我了解乳制品主要构成的营养成分					
B7. 我喜欢购买有促销活动的乳制品					
B8. 我喜欢购买包装新颖的乳制品					
B9. 我注重价格与价值是否相符					
B10. 购买乳制品时我会以内心参考价格为标准					

（续）

题　目	非常不同意	不同意	一般	同意	非常同意
B11. 我有过乳制品退货或投诉的经历					
B12. 当出现质量问题时我可以得到及时的解决					
B13. 在出现质量问题后我仍会继续购买					
B14. 我很满意国内乳制品的质量					
B15. 我很满意国内乳制品的价格					
B16. 我对国内乳品企业行为很信任					
B17. 购买国外乳制品会让我更有地位和档次					
B18. 我很满意国外乳制品的质量					
B19. 我很满意国外乳制品的价格					
B20. 我对国外乳品企业行为很信任					

B21　随着进口乳制品品牌数量增加、购买便利等情况的出现，您的消费趋向选择是怎样的：

液态奶（鲜奶、酸奶）________　奶粉________

A. 购买国内品牌　　B. 购买国外品牌

C. 其他回答请补充在空白处

B22　您对国内乳制品企业有怎样的期许和建议，请提出您的宝贵意见：

____

____

C　消费者背景信息

消费者所在省市：________省/直辖市________地区

C1　您的性别为：A. 男　　B. 女

C2　您的职业为：

A. 在校学生　　B. 公务员及事业单位人员

C. 企业单位人员　　D. 离退休人员

E. 个体经商者　　F. 其他

C3　您的月收入为：

A. 2 000 元以下　　B. 2 000～2 999 元

C. 3 000～3 999 元　　D. 4 000～4 999 元

E. 5 000～5 999 元　　F. 6 000 元以上

C4　您的受教育程度：

A. 初中及以下　　B. 高中及高职

C. 大专　　D. 大学本科

E. 硕士及以上

附录 5　消费者品牌择定模型拟合修正过程数据

一、模型第一次修正原始数据

1. 模型变量数量和类别

附表 1　变量计数（Group number 1）

变量总数：	9
观测变量：	8
非观测变量：	1
外生变量：	8
内生变量：	1

2. 卡方自由度数值

附表 2　内定模型的自由度计算

样本距的数量：	36
估计参数的数量：	36
自由度（样本距与估计参数的差）：	0

3. 各个拟合指标结果

附表 3　近似误差均方根

模　型	近似误差均方根	系数下 90% 置信限制	系数上 90% 置信限制	检验 RMSEA 不大于 0.05 的原假设
独立模型	0.227	0.214	0.241	0.000

附表 4　最小样本差异

模　型	模型中被估计的参数个数	最小样本差异	自由度	P（检验值）	最小样本差异/自由度
内定模型	36	0.000	0		
饱和模型	36	0.000	0		
独立模型	8	758.657	28	0.000	27.095

附表 5　残差均方根，拟合优度指数

模　型	残差均方根	拟合优度指数	调整拟合优度指数	简效拟合优度指数
内定模型	0.000	1.000		
饱和模型	0.000	1.000		
独立模型	0.123	0.727	0.649	0.565

附表 6　比较内定模型与独立模型拟合的拟合优度测量

模　型	规范拟合指数	相对拟合指数	增值拟合指数	非规范拟合指数	比较拟合指数
内定模型	1.000		1.000		1.000
饱和模型	1.000		1.000		1.000
独立模型	0.000	0.000	0.000	0.000	0.000

4. 各个路径结果

附表 7　方差（Group number 1 -内定模型）

项　目	回归系数的估计值	标准误差	临界比率	概率显著水平
消费者情感	0.346	0.022	15.890	**
消费者认知	0.167	0.010	15.890	**
消费者个性	0.543	0.034	15.890	**
消费者忠诚	0.412	0.026	15.890	**

（续）

项　目	回归系数的估计值	标准误差	临界比率	概率显著水平
国内品牌信任	0.749	0.047	15.890	**
国外品牌信任	0.688	0.043	15.890	**
社会地位	1.207	0.076	15.890	**
e_1	0.425	0.027	15.890	**

附表8　相关系数（Group number 1 -内定模型）

回归路径			回归系数的估计值	标准误差	临界比率	相伴概率
消费者情感	<- ->	消费者认知	−0.004	0.011	−0.348	0.728
消费者情感	<- ->	消费者个性	−0.016	0.019	−0.834	0.404
消费者情感	<- ->	消费者忠诚	−0.009	0.017	−0.550	0.583
消费者认知	<- ->	消费者个性	−0.036	0.013	−2.697	0.007
消费者认知	<- ->	消费者忠诚	−0.005	0.012	−0.388	0.698
消费者认知	<- ->	国内品牌信任	−0.007	0.016	−0.426	0.670
消费者认知	<- ->	国外品牌信任	0.054	0.015	3.519	***
消费者情感	<- ->	国内品牌信任	−0.051	0.023	−2.245	0.025
消费者情感	<- ->	国外品牌信任	−0.252	0.024	−10.305	***
消费者个性	<- ->	消费者忠诚	0.139	0.022	6.337	***
消费者忠诚	<- ->	国内品牌信任	0.180	0.026	6.919	***
消费者个性	<- ->	国内品牌信任	0.291	0.031	9.327	***
消费者个性	<- ->	国外品牌信任	−0.019	0.027	−0.709	0.478
消费者忠诚	<- ->	国外品牌信任	−0.046	0.024	−1.935	0.053
国内品牌信任	<- ->	国外品牌信任	−0.050	0.032	−1.568	0.117
消费者认知	<- ->	社会地位	0.196	0.022	8.983	***
消费者情感	<- ->	社会地位	−0.008	0.029	−0.294	0.769
消费者个性	<- ->	社会地位	−0.082	0.036	−2.269	0.023

（续）

回归路径			回归系数的估计值	标准误差	临界比率	相伴概率
消费者忠诚	<- ->	社会地位	−0.008	0.031	−0.259	0.795
国内品牌信任	<- ->	社会地位	−0.064	0.042	−1.499	0.134
国外品牌信任	<- ->	社会地位	0.275	0.042	6.495	***

附表 9　回归加权比重（Group number 1 -内定模型）

回归路径			回归系数的估计值	标准误差	临界比率	相伴概率
择定模式	<- - -	消费者认知	−0.233	0.079	−2.930	0.003
择定模式	<- - -	消费者情感	0.071	0.059	1.197	0.231
择定模式	<- - -	消费者个性	0.101	0.045	2.234	0.026
择定模式	<- - -	消费者忠诚	−0.333	0.049	−6.839	***
择定模式	<- - -	国内品牌信任	−0.211	0.039	−5.403	***
择定模式	<- - -	国外品牌信任	0.356	0.044	8.089	***
择定模式	<- - -	社会地位	0.135	0.031	4.378	***

附表 10　标准化后的回归加权比重

（Group number 1 -内定模型）

回归路径			回归系数的估计值
择定模式	<- - -	消费者认知	−0.118
择定模式	<- - -	消费者情感	0.052
择定模式	<- - -	消费者个性	0.093
择定模式	<- - -	消费者忠诚	−0.266
择定模式	<- - -	国内品牌信任	−0.227
择定模式	<- - -	国外品牌信任	0.368
择定模式	<- - -	社会地位	0.184

二、模型第二次修正原始数据

1. 模型变量数量和类别

附表 11　变量计数（Group number 1）

变量总数：	9
观测变量：	8
非观测变量：	1
外生变量：	8
内生变量：	1

2. 卡方自由度数值

附表 12　内定模型的自由度计算

样本距的数量：	36
估计参数的数量：	35
自由度（样本距与估计参数的差）	1

3. 各个拟合指标结果

附表 13　近似误差均方根

模型	近似误差均方根	系数下 90% 置信限制	系数上 90% 置信限制	检验 RMSEA 不大于 0.05 的原假设
内定模型	0.029	0.000	0.126	0.481
独立模型	0.227	0.214	0.241	0.000

附表 14　最小样本差异

模　型	模型中被估计的参数个数	最小样本差异	自由度	P（检验值）	最小样本差异/自由度
内定模型	35	1.430	1	0.232	1.430
饱和模型	36	0.000	0		
独立模型	8	758.657	28	0.000	27.095

附表 15　残差均方根，拟合优度指数

模　型	残差均方根	拟合优度指数	调整拟合优度指数	简效拟合优度指数
内定模型	0.000	0.999	0.975	0.028
饱和模型	0.000	1.000		
独立模型	0.123	0.727	0.649	0.565

附表 16　比较内定模型与独立模型拟合的拟合优度测量

模　型	规范拟合指数	相对拟合指数	增值拟合指数	非规范拟合指数	比较拟合指数
内定模型	0.998	0.947	0.999	0.984	0.999
饱和模型	1.000		1.000		1.000
独立模型	0.000	0.000	0.000	0.000	0.000

4. 各个路径结果

附表 17　回归加权比重（Group number 1 -内定模型）

回归路径	回归系数的估计值	标准误差	临界比率	相伴概率
择定模式　<---　消费者认知	−0.231	0.080	−2.912	0.004
择定模式　<---　消费者个性	0.103	0.045	2.273	0.023
择定模式　<---　消费者忠诚	−0.336	0.049	−6.887	***

（续）

回归路径			回归系数的估计值	标准误差	临界比率	相伴概率
择定模式	<- - -	国内品牌信任	−0.218	0.039	−5.612	***
择定模式	<- - -	国外品牌信任	0.328	0.037	8.871	***
择定模式	<- - -	社会地位	0.141	0.031	4.611	***

附表 18 相关性（Group number 1 -内定模型）

回归路径			回归系数的估计值	标准误差	临界比率	相伴概率
消费者情感	<- ->	消费者认知	−0.004	0.011	−0.348	0.728
消费者情感	<- ->	消费者个性	−0.016	0.019	−0.834	0.404
消费者情感	<- ->	消费者忠诚	−0.009	0.017	−0.55	0.583
消费者认知	<- ->	消费者个性	−0.036	0.013	−2.697	0.007
消费者认知	<- ->	消费者忠诚	−0.005	0.012	−0.388	0.698
消费者认知	<- ->	国内品牌信任	−0.007	0.016	−0.426	0.67
消费者认知	<- ->	国外品牌信任	0.054	0.015	3.519	***
消费者情感	<- ->	国内品牌信任	−0.051	0.023	−2.245	0.025
消费者情感	<- ->	国外品牌信任	−0.252	0.024	−10.305	***
消费者个性	<- ->	消费者忠诚	0.139	0.022	6.337	***
消费者忠诚	<- ->	国内品牌信任	0.18	0.026	6.919	***
消费者个性	<- ->	国内品牌信任	0.291	0.031	9.327	***
消费者个性	<- ->	国外品牌信任	−0.019	0.027	−0.709	0.478
消费者忠诚	<- ->	国外品牌信任	−0.046	0.024	−1.935	0.053
国内品牌信任	<- ->	国外品牌信任	−0.05	0.032	−1.568	0.117
消费者认知	<- ->	社会地位	0.196	0.022	8.983	***
消费者情感	<- ->	社会地位	−0.008	0.029	−0.294	0.769
消费者个性	<- ->	社会地位	−0.082	0.036	−2.269	0.023
消费者忠诚	<- ->	社会地位	−0.008	0.031	−0.259	0.795
国内品牌信任	<- ->	社会地位	−0.064	0.042	−1.499	0.134
国外品牌信任	<- ->	社会地位	0.275	0.042	6.495	***

附录6 2011年30个省、自治区、直辖市各指标数据

省、自治区、直辖市	奶牛存栏量（万头）	牛奶产量（万吨）	养殖户个数（户）	乳品企业个数（个）	乳品企业利润总额（亿元）	乳品企业资产总额（亿元）	袋装鲜奶销售价格（元/袋）	乳制品产量（万吨）	饲料加工企业利润总额（亿元）	配混合饲料产量（万吨）	城镇居民人均乳制品消费支出（元/人）	农村居民人均乳制品消费量（千克/人）	城镇居民人均可支配收入（元/人）	城镇居民人均食品消费支出（元/人）	农村居民人均纯收入（元）
内蒙古	278.48	948.3	2 115	71	25.45	388.75	2.97	383.21	9.52	463.39	205.68	6.5	20 407.57	4 962.4	6 641.56
山　东	141.54	458.6	1 679	83	19.01	123.02	3.45	311.67	44.95	1 689.11	251.31	7.7	22 791.84	4 827.61	8 342.13
上　海	7.05	30.5	110	8	13.16	79.93	5.19	45.75	5.45	92.14	462.7	8.1	36 230.48	8 905.95	16 053.79
广　东	5.47	16.4	79	23	13.75	92.49	5.29	61.22	37.94	1 425.1	228.97	1.1	26 897.48	7 471.88	9 371.73
黑龙江	285.22	758.8	1 089	64	22.92	191.11	2.89	178.28	3.45	118.37	151.5	4.3	15 696.18	4 348.45	7 590.68
河　北	203.98	641.9	1 929	32	11.78	70.16	2.85	269	14.44	946.43	179.01	5.5	18 292.23	3 927.26	7 119.69
北　京	15.07	64.0	301	9	0.73	71.61	4.16	58.65	5.36	169.8	384.52	11.9	32 903.03	6 905.51	14 735.68
辽　宁	47.65	177.0	420	16	7.29	64.08	3.3	102.88	49.64	1 387.1	213.82	3.7	20 466.84	5 254.96	8 296.54
河　南	89.52	342.3	853	45	7.42	32.84	2.2	158.7	47.82	1 168.72	207.2	2.7	18 194.8	4 212.76	6 604.03
江　苏	21.62	81.0	302	25	2.93	32.38	4.19	100.25	15.65	317.83	279.66	7.4	26 340.73	6 060.91	10 804.95
浙　江	6.98	22.0	112	2	1.38	24.18	4.84	35.68	6.17	362.24	274.03	5.9	30 970.68	7 066.22	13 070.69

（续）

省、自治区、直辖市	奶牛存栏量（万头）	牛奶产量（万吨）	养殖户个数（户）	乳品企业个数（个）	乳品企业利润总额（亿元）	乳品企业资产总额（亿元）	袋装鲜奶销售价格（元/袋）	乳制品产量（万吨）	饲料加工企业利润总额（亿元）	配混合饲料产量（万吨）	城镇居民人均乳制品消费支出（元/人）	农村居民人均乳制品消费量（千克/人）	城镇居民人均可支配收入（元/人）	城镇居民人均食品消费支出（元/人）	农村居民人均纯收入（元）
天 津	14.01	57.9	154	14	0.16	24.73	3.71	22.87	2.84	171.56	252.24	7.3	26 920.86	6 663.31	12 321.22
四 川	18.99	76.3	134	17	2.12	28.58	3.4	78.01	28.17	937.28	238.86	4.1	20 249.7	5 571.69	6 128.55
福 建	3.9	14.4	38	8	0.66	10.85	4.88	19.41	5.57	549.23	254.99	5.2	24 907.4	6 534.94	8 778.55
陕 西	73.15	201.1	727	39	3.43	41	3.29	160.2	5.6	162.95	256.62	5.7	18 245.23	5 040.47	5 027.87
湖 南	3.1	7.6	12	16	2.29	29.26	4.32	26.98	18.61	1 179.03	156.98	1.3	18 844.05	4 943.89	6 567.06
安 徽	9.47	29.6	133	11	2.42	25	3.7	79.02	8.24	350.03	305.14	3	18 606.13	5 246.76	6 232.21
重 庆	2	7.3	27	0	0.3	13.66	4.46	12.85	4.09	157.22	268.29	3.6	26 897.48	5 847.9	6 480.41
新 疆	285.32	287.9	479	30	1.41	28.74	3.16	35.99	2.86	121.3	197.7	5.1	15 513.62	4 537.46	5 442.15
广 西	2.25	9.2	37	1	1.74	24.57	4.43	14.33	19.27	943.25	179.19	0.8	18 854.06	5 074.49	5 231.33
湖 北	7.82	30.1	73	2	1.26	25.55	3.99	49.07	11.66	438.39	205.33	1.6	18 373.87	5 363.68	6 897.92
吉 林	54.83	130.3	490	14	1.12	15.44	3.56	6.88	10.17	622.51	141.82	3.6	17 796.57	4 252.85	7 509.95
江 西	3.74	12.7	34	1	1.37	16.42	2.95	28.91	10.39	865.4	205.83	3.8	17 494.87	4 675.16	6 891.63
山 西	41.59	111.0	427	18	2.09	26.92	3.18	52.46	2.17	180.64	201.17	7.5	18 123.87	3 558.04	5 601.4

（续）

省、自治区、直辖市	奶牛存栏量（万头）	牛奶产量（万吨）	养殖户个数（户）	乳品企业个数（个）	乳品企业利润总额（亿元）	乳品企业资产总额（亿元）	袋装鲜奶销售价格（元/袋）	乳制品产量（万吨）	饲料加工企业利润总额（亿元）	配混合饲料产量（万吨）	城镇居民人均乳制品消费支出（元/人）	农村居民人均乳制品消费量（千克/人）	城镇居民人均可支配收入（元/人）	城镇居民人均食品消费支出（元/人）	农村居民人均纯收入（元）
宁夏	36.25	111.2	270	16	0.58	21.19	3.15	25.2	0.47	29.35	218.14	6.2	17 578.92	4 483.44	5 409.95
云南	20.29	61.8	48	5	0.7	12.94	3.21	34.62	2.52	146.28	187.4	0.9	18 575.62	4 802.26	4 721.99
海南	0.1	0.1	2	0	0.02	0.26	3.76	0.4	0.76	139.45	137.22	0.5	18 368.95	5 673.65	6 446.01
青海	21.81	32.1	34	0	0.64	5.5	2.53	12.18	0.04	0.4	193.65	12.8	15 603.31	4 260.27	4 608.46
甘肃	21.28	42.4	122	12	0.5	12.99	2.49	16.73	0.7	86.92	200.05	4.7	14 988.68	4 182.47	3 909.37
贵州	2.1	6.9	21	0	0.2	7.63	3.23	5.51	0.54	82.76	157.23	0.8	16 495.01	4 565.85	4 145.35

附录7　30个省、自治区、直辖市各指标数据标准化处理

省、自治区、直辖市	奶牛存栏量	牛奶产量	养殖户个数	乳品企业个数	乳品企业利润总额	乳品企业资产总额	袋装鲜奶销售价格	乳制品产量	饲料加工企业利润总额	配混合饲料产量	城镇居民人均乳制品消费支出	农村居民人均乳制品消费量	城镇居民人均可支配收入	城镇居民人均食品消费支出	农村居民人均纯收入
内蒙古	2.496	3.277	2.958	2.379	2.888	4.480	−0.815	3.181	−0.204	−0.096	−0.302	0.558	−0.118	−0.289	−0.303
山东	0.949	1.244	2.202	2.932	1.980	0.951	−0.217	2.432	2.218	2.425	0.358	0.946	0.317	−0.402	0.254
黑龙江	2.572	2.490	1.180	2.056	2.531	1.855	−0.915	1.034	−0.619	−0.806	−1.086	−0.154	−0.979	−0.803	0.008
河北	1.654	2.005	2.635	0.581	0.961	0.249	−0.965	1.985	0.132	0.897	−0.688	0.234	−0.504	−1.156	−0.146
上海	−0.570	−0.533	−0.517	−0.526	1.156	0.379	1.951	−0.354	−0.482	−0.860	3.417	1.075	2.771	3.014	2.783
北京	−0.479	−0.395	−0.186	−0.480	−0.596	0.268	0.667	−0.219	−0.488	−0.700	2.286	2.305	2.164	1.338	2.351
江苏	−0.405	−0.324	−0.184	0.258	−0.286	−0.252	0.705	0.217	0.215	−0.396	0.769	0.849	0.965	0.631	1.062
浙江	−0.570	−0.569	−0.514	−0.802	−0.505	−0.361	1.514	−0.460	−0.433	−0.304	0.687	0.363	1.811	1.473	1.805
天津	−0.491	−0.420	−0.441	−0.249	−0.677	−0.354	0.107	−0.594	−0.660	−0.696	0.372	0.817	1.071	1.136	1.559
福建	−0.605	−0.600	−0.642	−0.526	−0.606	−0.538	1.564	−0.630	−0.474	0.080	0.412	0.137	0.704	1.028	0.398
重庆	−0.627	−0.630	−0.661	−0.894	−0.657	−0.501	1.041	−0.699	−0.575	−0.726	0.604	−0.381	1.067	0.453	−0.356
广东	−0.587	−0.592	−0.571	0.166	1.239	0.546	2.075	−0.192	1.739	1.882	0.035	−1.190	1.067	1.813	0.592
辽宁	−0.111	0.075	0.020	−0.157	0.328	0.168	−0.404	0.244	2.538	1.804	−0.184	−0.348	−0.107	−0.044	0.240
河南	0.362	0.761	0.771	1.180	0.347	−0.246	−1.774	0.829	2.414	1.354	−0.280	−0.672	−0.522	−0.917	−0.315

（续）

省、自治区、直辖市	奶牛存栏量	牛奶产量	养殖户个数	乳品企业个数	乳品企业利润总额	乳品企业资产总额	袋装鲜奶销售价格	乳制品产量	饲料加工企业利润总额	配混合饲料产量	城镇居民人均乳制品消费支出	农村居民人均乳制品消费量	城镇居民人均可支配收入	城镇居民人均食品消费支出	农村居民人均纯收入
四川	−0.435	−0.343	−0.476	−0.111	−0.400	−0.303	−0.279	−0.016	1.071	0.878	0.178	−0.219	−0.147	0.221	−0.471
湖南	−0.614	−0.628	−0.687	−0.157	−0.376	−0.294	0.867	−0.551	0.417	1.376	−1.007	−1.125	−0.404	−0.304	−0.328
广西	−0.624	−0.622	−0.644	−0.848	−0.454	−0.356	1.004	−0.683	0.463	0.891	−0.685	−1.287	−0.402	−0.195	−0.766
陕西	0.177	0.175	0.552	0.904	−0.216	−0.138	−0.417	0.845	−0.472	−0.714	0.435	0.299	−0.513	−0.224	−0.832
安徽	−0.542	−0.537	−0.477	−0.387	−0.358	−0.350	0.094	−0.006	−0.291	−0.329	1.137	−0.575	−0.447	−0.051	−0.437
新疆	2.573	0.535	0.122	0.489	−0.500	−0.301	−0.578	−0.457	−0.659	−0.800	−0.417	0.105	−1.012	−0.645	−0.696
湖北	−0.561	−0.535	−0.581	−0.802	−0.522	−0.343	0.456	−0.319	−0.058	−0.148	−0.307	−1.028	−0.490	0.047	−0.219
吉林	−0.030	−0.119	0.141	−0.249	−0.541	−0.477	−0.080	−0.761	−0.159	0.231	−1.226	−0.381	−0.595	−0.883	−0.018
江西	−0.607	−0.608	−0.649	−0.848	−0.506	−0.464	−0.840	−0.531	−0.144	0.731	−0.300	−0.316	−0.650	−0.530	−0.221
山西	−0.180	−0.200	0.032	−0.065	−0.405	−0.325	−0.554	−0.284	−0.706	−0.678	−0.367	0.881	−0.535	−1.465	−0.644
宁夏	−0.240	−0.199	−0.240	−0.157	−0.617	−0.401	−0.591	−0.570	−0.822	−0.989	−0.122	0.461	−0.635	−0.690	−0.707
云南	−0.420	−0.403	−0.625	−0.664	−0.601	−0.511	−0.516	−0.471	−0.682	−0.748	−0.566	−1.254	−0.453	−0.423	−0.933
海南	−0.648	−0.660	−0.704	−0.894	−0.696	−0.679	0.169	−0.829	−0.802	−0.762	−1.292	−1.384	−0.490	0.307	−0.367
青海	−0.403	−0.527	−0.649	−0.894	−0.609	−0.609	−1.363	−0.706	−0.852	−1.048	−0.476	2.596	−0.995	−0.877	−0.970
甘肃	−0.409	−0.484	−0.496	−0.341	−0.629	−0.510	−1.413	−0.658	−0.807	−0.870	−0.383	−0.025	−1.108	−0.942	−1.199
贵州	−0.625	−0.632	−0.671	−0.894	−0.671	−0.581	−0.491	−0.776	−0.818	−0.879	−1.003	−1.287	−0.833	−0.621	−1.122

附录 8　30 个省、自治区、直辖市主成分得分及排名

省、自治区、直辖市	F_1 得分	排名	F_2 得分	排名	F_3 得分	排名	F 得分	排名
内蒙古	3.321 14	1	−0.075 0	12	−0.598 31	20	1.48	1
山　东	2.009 19	3	0.384 23	9	1.713 68	3	1.4	2
上　海	0.104 63	8	3.106 63	1	−0.798 10	23	0.98	3
广　东	−0.190 17	13	1.227 59	4	2.284 28	1	0.72	4
黑龙江	2.034 42	2	−0.738 24	25	−0.801 46	24	0.6	5
河　北	1.554 37	4	−0.702 11	22	0.124 48	11	0.53	6
北　京	0.064 57	10	2.072 2	2	−1.279 15	29	0.52	7
辽　宁	0.071 46	9	0.011 52	10	1.888 68	2	0.36	8
河　南	0.597 67	5	−0.736 89	24	1.567 57	4	0.31	9
江　苏	−0.022 77	11	0.947 48	5	−0.233 28	15	0.27	10
浙　江	−0.487 09	20	1.525 34	3	−0.257 09	17	0.24	11
天　津	−0.328 37	15	0.938 69	6	−0.792 78	22	0.03	12
四　川	−0.339 62	16	−0.085 08	13	0.895 02	7	−0.04	13
福　建	−0.651 16	23	0.792 06	7	0.014 49	12	−0.04	14
陕　西	0.365 81	6	−0.344 60	15	−0.627 64	21	−0.05	15
湖　南	−0.696 74	26	−0.356 89	16	1.329 16	5	−0.23	16
安　徽	−0.441 03	19	−0.027 75	11	−0.119 39	14	−0.24	17
重　庆	−0.754 65	27	0.471 72	8	−0.329 73	19	−0.26	18
新　疆	0.342 24	7	−0.904 78	28	−0.993 98	28	−0.32	19
广　西	−0.856 36	28	−0.373 15	17	1.146 54	6	−0.35	20
湖　北	−0.686 6	24	−0.246 56	14	0.315 59	8	−0.36	21

（续）

省、自治区、直辖市	F_1 得分	排名	F_2 得分	排名	F_3 得分	排名	F 得分	排名
吉　林	－0.378 52	17	－0.694 17	21	0.165 73	10	－0.39	22
江　西	－0.649 73	22	－0.553 67	18	0.295 20	9	－0.45	23
山　西	－0.140 28	12	－0.723 25	23	－0.882 90	26	－0.47	24
宁　夏	－0.326 94	14	－0.614 76	20	－0.962 88	27	－0.54	25
云　南	－0.695 78	25	－0.785 59	26	－0.242 08	16	－0.65	26
海　南	－0.960 78	30	－0.563 87	19	－0.086 34	13	－0.67	27
青　海	－0.425 01	18	－0.791 14	27	－1.632 94	30	－0.76	28
甘　肃	－0.534 29	21	－1.112 83	30	－0.810 55	25	－0.78	29
贵　州	－0.899 59	29	－1.047 13	29	－0.291 81	18	－0.85	30

参考文献

白燕飞，刘芳，何忠伟，等. 2013. 基于因子分析的北京奶牛养殖专业合作社发展绩效研究 [J]. 中国食物与营养，19 (9)：21-26.

包昌火，谢新洲. 2002. 竞争战略与竞争优势 [M]. 北京：华夏出版社.

北京市农业局. 北京市动物和动物产品运输监督工作制度 [OL]. http：//www.bjny.gov.cn/adk/pub/detail? model = PUB _ ADKWZ _ NMYH _ WZXS&documentid=2382288888.

毕宇晓. 2009. 泰安市泰山区奶业发展研究 [D]. 泰安：山东农业大学.

陈红儿，贺华丽. 2005. 专业市场核心竞争力的理论分析 [J]. 商业经济与管理 (12)：28.

陈静. 2005. 新疆乳制品行业竞争与研究 [D]. 乌鲁木齐：新疆农业大学.

陈亮亮，刘养洁. 2010. 基于钻石模型的山西特色农产品竞争力分析 [J]. 山西农业大学学报，9 (3)：346-349.

程漱兰，姚莉，崔惠玲，等. 2002. WTO 背景下的中国奶业发展前景 [J]. 农业经济问题 (3)：9-16.

丁真真. 2012. 基于 BP 神经网络的快速消费品上市公司财务风险预警系统研究 [D]. 哈尔滨：东北林业大学.

方晨靓，顾国达. 2012. 农产品价格波动国际传导机制研究——一个非对称性视角的文献综述 [J]. 华中农业大学学报：社会科学版 (6)：6-14.

扶玉枝. 2012. 农业合作社效率研究——基于目标函数的静态与动态分析 [D]. 杭州：浙江大学.

韩俊文. 2003. 畜牧业经济管理 [M]. 北京：中国农业出版社.

何玉成. 2010. 中国乳品产业发展研究 [M]. 北京：科学出版社.

贺燕丽. 2010. 我国乳制品工业发展与展望 [M]. 北京：经济科学出版社.

贺迎春. 2011. 论提高中国居民乳品消费水平 [D]. 湘潭：湘潭大学.

胡华平，李崇光．2010．农产品垂直价格传递与纵向市场联结［J］．农业经济问题（1）：10-17+110.

黄祖辉，扶玉枝，徐旭初．2011．农民专业合作社的效率及其影响因素分析［J］．中国农村经济（7）：4-13.

孔繁龙．1998．北京奶牛业发展存在问题及对策的探讨［J］．中国农垦经济（10）：31-33.

李彩楠．2012．呼伦贝尔市奶业竞争分析［D］．呼和浩特：内蒙古农业大学.

李春花．2013．基于BP神经网络的我国海外直接投资国家风险预警系统研究［D］．湘潭：湘潭大学.

李志强．2009．我国奶业发展形势与未来目标分析［J］．中国食物与营养（3）4-7.

刘芳，陆娟，路永强，等．2013．北京奶业经济发展研究（2013）［M］．北京：中国农业出版社.

刘芳，王琛，何忠伟．2013．我国生猪市场价格预警体系研究［J］．农业技术经济（5）：78-85.

刘芳，危薇，何忠伟．2014．中外奶业政策比较分析［J］．世界农业（1）：68-73.

刘芳，张存根．2006．中国肉羊产业国际竞争力研究［M］．北京：中国农业出版社.

刘淑梅．2013．中国农业竞争力评价与提升对策研究［D］．长春：吉林大学.

刘文奇，杨建尧．2000．对北京奶业产业化模式的思考［J］．中国奶牛（2）：15-16.

刘心谅．2011．基于指标体系的河北省乳制品工业竞争力评价研究［D］．石家庄：河北经贸大学.

刘玉满，李胜利．2012．中国奶业经济研究报告2011［M］．北京：中国农业出版社.

刘玉满．2006．破解我国奶业发展面临的风险、问题及制约因素［J］．今日畜牧兽医（2）：1-5.

卢锋．2000．我国棉花国际贸易“贱卖贵买”现象研究［J］．经济研究（2）：3-9+16-78.

参考文献

马国巍．2011．提升黑龙江乳业竞争力思路与对策［J］．东北农业大学学报（9）：16－19.

孟惠婷．2010．内蒙古乳品消费研究［D］．呼和浩特：内蒙古农业大学.

倪学智．2008．中国乳品产业协调发展的理论与实践［M］．北京：经济科学出版社.

彭秀芬．2008．中国居民乳品消费的分析［A］//第三届中国奶牛发展大会论文集［C］：49－53.

沈文华，杨静．2009．北京市乳业经济发展研究［M］．北京：中国农业科学技术出版社.

谭砚文．2004．中国棉花生产波动研究［D］．武汉：华中农业大学.

王彬，李成，马文涛．2010．国际石油价格与通货膨胀的溢出效应及动态相关性［J］．财经研究（4）：25－35.

王可山，洪岚．2008．北京市乳制品流通的基本情况和特点［J］．奶业经济（12）：28－30.

王利荣，周曙东．2009．国内外棉花市场价格的动态关系分析——基于VECM模型［J］．国际贸易问题（11）：26－31.

王明夫．2001．企业竞争力［M］．北京：中国财政经济出版社.

王楠．2010．基于BP神经网络的房地产市场预警研究［D］．武汉：武汉理工大学.

王世昆，刘国燕，李媛媛．2011．华北地区奶业区域竞争力评价体系构建及实证分析［J］．河北经贸大学学报（6）：93－96.

王思舒，郑适，周松．2010．我国猪肉价格传导机制的非对称性问题研究——以北京市为例［J］．经济纵横（6）：84－87.

危薇，刘芳．2013．中国奶业国际竞争力研究［J］．世界农业（8）.

辛贤，谭向勇．2000．农产品价格的放大效应研究［J］．中国农村观察（1）：52－57＋81.

徐爱国．2009．大庆市奶业市场竞争力的系统研究［D］．大庆：黑龙江八一农垦大学.

徐光增，王家传，赵娉婷，等．2005．泰安市乳品市场需求状况的调查研究［J］．农业经济（1）：43－47.

杨燕，刘渝琳．2006．中国粮食进口贸易中“大国效应”的扭曲及实证分析［J］．国际商务．对外经济贸易大学学报（4）：27－31.

尹奕. 2005. 陕西省奶业产业化可持续发展战略研究［D］. 杨凌：西北农林科技大学（6）：5－29.

袁丹. 2010. 基于BP神经网络的制造业上市公司财务预警研究［D］. 上海：上海交通大学.

张大海，方伟，宁攸凉. 2011. 广东省供销合作社经营效率评价——基于DEA－Malmquist指数法［J］. 技术经济（9）：101－103.

张文兵. 2005. 战略性贸易政策影响奶业国际竞争力的实证研究［J］. 华南农业大学学报.（4）：60－63.

张希颖. 2007. 中国乳制品国际竞争力研究［J］. 特区经济（7）：285－286.

张艳明. 2012. 呼和浩特地区奶业发展状况［D］. 呼和浩特：内蒙古农业大学（5）：9－23.

张昱. 2003. 农产品市场竞争力的理论与实证分析［D］. 杭州：浙江大学.

赵梦珺. 2005. 用钻石模型分析中国奶业竞争力现状［D］. 北京：首都经济贸易大学.

中华人民共和国农业部. 全国奶业发展规划（2009—2013年）［OL］. http：//www.moa.gov.cn/zwllm/ghjh/201008/t20100805_1613197.htm.

周惊风. 2011. 乳制品企业竞争力评价体系研究［D］. 重庆：重庆工商大学.

周俊玲. 2001. 我国奶业发展滞后的原因及对策［J］. 农村经济（2）：1－3.

朱雯. 2009. 农村专业合作组织经营绩效评价研究［D］. 长沙：中南大学.

朱星宇，陈勇强. 2011. SPSS多元统计分析方法及应用［M］. 北京：清华大学出版社.

朱燕妮. 2008. 基于BP神经网络的中国房地产上市公司财务危机预警研究［D］. 杭州：浙江大学.

Dong Diansheng Kaiser，M. Harry. 2005. Coupon Redemption and its effect on household cheese purchases［J］. American Journal of Agricultural Economics（8）：689－702.

Edwards Geoff. 2003. The story of deregulation in the dairy industry［J］. Australian Journal of Agricultural & Resource Economics（3）：75－98.

Galdeano - Gomez, E. 2008. Productivity Effect of Environmental Performance, Evidence from TEP Analysis on Marketing Cooperatives [J]. Applied Economics, 40 (14): 1873 - 1888.

J. H. Dunning. 1990. International Porter's Diamond [J]. Management International, 33 (2): 17 - 39.

Kamble Ashwini Shankar. 2012. Performance Of Dairy Industry In India: ChallengesAnd Opportunities [J]. R. C. S. M. College of Agri - Business Management (10).

Lerman, Z., Parliament, C. 1989. Industry and Size Effect in Agricultural Cooperatives [D]. University of Minnesota Institute of Agriculture.

Murat Isik. 2004. Environmental Regulationg and the spatial structure of the u. s. dairy sector [J]. American Journal of Agricultural Economics (11): 949 - 962.

PAT DILLON, THIA HENNESSY, LAURENCE SHALLOO. 2008. Future outlook for the Irish dairy industry: a study ofinternational competitiveness, influence of internationaltrade reform and requirement for change [J]. Society of Dairy Technology (61): 16 - 29.

Singh, S., Fleming, E., Coelli, T. 2000. Efficiency and Productivity Analysis of Cooperative Dairy Plants in Haryana and Punjab States of India [R]. Working Paper Series in Agricultural and Resource Economics.

Soboh, R. A. M. E., Lansink, A. O., Giesen, G. V., et al. 2009. Performance Measurement of the Agricultural Marketing Cooperatives: The Gap between Theory and Practice. Review of Practice [J]. Review of Agricultural Economics, 31 (3): 446 - 469.

Wei Anning. 1999. China's Dairy Economy: Demand, Supply and Trade Opportunities [J]. SanFrancisco, U. S. A (6).

图书在版编目（CIP）数据

北京奶业经济发展研究．2014／刘芳等著．—北京：中国农业出版社，2015.4
ISBN 978-7-109-20911-4

Ⅰ.①北… Ⅱ.①刘… Ⅲ.①乳品工业—经济发展—研究报告—北京市—2014 Ⅳ.①F426.82

中国版本图书馆 CIP 数据核字（2015）第 216268 号

中国农业出版社出版
（北京市朝阳区麦子店街 18 号楼）
（邮政编码 100125）
责任编辑 李文宾 冀 刚

中国农业出版社印刷厂印刷 新华书店北京发行所发行
2015 年 6 月第 1 版 2015 年 6 月北京第 1 次印刷

开本：850mm×1168mm 1/32 印张：7.5
字数：220 千字
定价：25.00 元